国家技能人才培养工学一体化系列教材

智能汽车
线控底盘检修

工作页

孙礼亮　朱英华◎主编

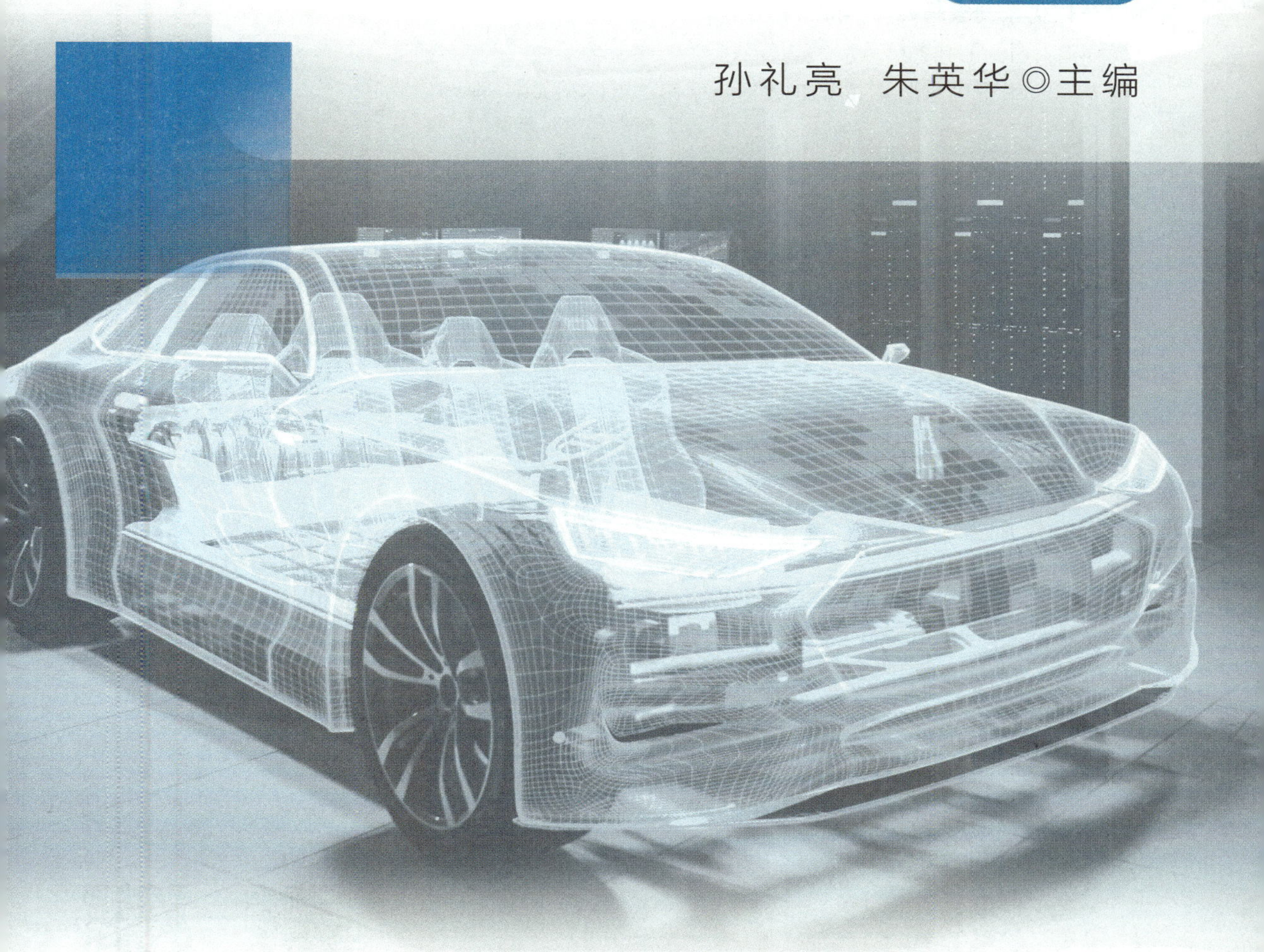

厦门大学出版社 XIAMEN UNIVERSITY PRESS
国家一级出版社
全国百佳图书出版单位

图书在版编目（CIP）数据

智能汽车线控底盘检修. 工作页 / 孙礼亮，朱英华主编 ；季开鑫，傅子权，朱海清副主编. -- 厦门 ：厦门大学出版社，2024. 12. --（国家技能人才培养工学一体化系列教材）. -- ISBN 978-7-5615-9430-8

Ⅰ. U463.1

中国国家版本馆 CIP 数据核字第 2024NM0004 号

智能汽车线控底盘检修 · 工作页

ZHINENG QICHE XIANKONG DIPAN JIANXIU · GONGZUOYE

策划编辑　张佐群
责任编辑　胡　佩
美术编辑　蔡炜荣
技术编辑　许克华

出版发行　厦门大学出版社
社　　址　厦门市软件园二期望海路 39 号
邮政编码　361008
总　　机　0592-2181111　0592-2181406(传真)
营销中心　0592-2184458　0592-2181365
网　　址　http://www.xmupress.com
邮　　箱　xmup@xmupress.com
印　　刷　厦门集大印刷有限公司

开本　787 mm×1 092 mm　1/16
印张　13.75
字数　332 千字
版次　2024 年 12 月第 1 版
印次　2024 年 12 月第 1 次印刷
定价　68.00 元（共 2 册）

厦门大学出版社
微信二维码

厦门大学出版社
微博二维码

前言

PREFACE

“智能汽车线控底盘检修”是车辆工程专业的岗位核心课程，是依据《国家职业教育改革实施方案》提出的“三教”改革与产教融合理念，并依照本专业人才培养方案要求，以培养复合型技术技能人才为目标，通过开展行业调研和企业实践专家访谈会，将提取到的典型工作任务进行转化而形成的专业一体化课程。课程内容紧密结合德育元素，做到理实一体、德技并修。

“智能汽车线控底盘检修”课程基于企业典型工作任务，在课程项目中穿插相关岗位必备知识点与技能，侧重培养学生的应用能力。本课程的主要学习任务包括线控底盘数据读取与分析、车辆直行跑偏故障维修、车辆加速异常故障维修、车辆制动拖滞故障维修，可以作为相关专业的职业基础课程。

本书作为该课程的配套教材，在结构设置上将每个项目都分为工作页和信息页两个部分。工作页按照工学一体化的六大环节进行组织，包括获取信息、制定计划、做出决策、实施任务、过程控制和评价反馈，通过企业任务工单的驱动，最大限度地发挥学生的自主探究能力，实现边做边学的教育目标。信息页则提供了完成任务所需的知识点讲解，并穿插了“小贴士”“课堂小测”等环节，以帮助学生串联知识点，更好地理解和掌握课程内容。

特色创新

一、科学构建知识技能体系，实现工学一体化课程教学模式的覆盖

本书严格按照人力资源和社会保障部印发的《推进技工院校工学一体化技能人才培养模式实施方案》的要求，由开发团队经过多次研讨，论证确定核心知识与技能体系，形成了融教、学、做、测、评为一体的教材体系和内容。

二、采用活页式、工作手册式设计方式，并配备丰富的教学资源

本书以学生为中心、以工作过程为导向，将企业的岗位要求和工作过程有机融入其中。此外，本书还配备丰富的教学资源，包括课前微课、动画等，方便用书教师使用及参考。

三、创新教学评价体系，多方面、多层次进行综合评价

本书在编写过程中，综合考虑教学活动的具体实施情况，将评价主体分为学生、小组和教师，

将评价维度分为课前预习、专业知识、学习态度、团队素养、任务实施、复盘总结和课后拓展，构建“三主体七维度”教学评价体系。通过对学生课前、课中和课后三个阶段的综合评价，全过程多元化考核学生的知识、技能和素养目标的达成程度。

四、采用“三段课、七环节”教学实施策略，有效达成学习目标

本书在编写过程中，为有效达成学习目标，采用“三段课、七环节”的教学实施策略。“三段课”分别是课前导学、课中研学和课后拓学。“七环节”分别是学、工、知、策、做、评、拓。

- 学——课前学习：课前自主预习新课内容，完成课前测试，检验预习效果。
- 工——明确任务：导入真实岗位的工作任务情景及内容，激发学生的学习兴趣，并明确本课的学习目标和重点内容。
- 知——获取信息：运用多种教学方法及手段对课程内容展开讲解。采用问题引导，激发学生对本课内容的思考，达到探究式学习目的；通过知识讲授，使本课重难点与所探究问题形成呼应，帮助学生吸收内化。
- 策——计划决策：各小组针对任务进行探讨，并做出最优实施计划的决策。
- 做——实施任务及检查反馈：各小组根据任务要求实施任务，并做好过程监控。实训操作过程与企业任务趋同，能提前让学生感知企业工作，培养职业意识。
- 评——评价反馈：召开复盘会，各小组进行成果展示，并进行综合评价。
- 拓——巩固拓展：课后引导学生自主探究，学以致用，延伸教学时空，实现知识迁移，帮助学生扩展视野。

五、坚持立德树人，落实思政及素养教学

本书将素养教学与职业技能相融合，充分挖掘“智能汽车线控底盘检修”课程中所蕴含的德育元素，在专业知识中融入与社会主义核心价值观、创新思维、服务意识、责任意识和社会责任感等相关的内容，以润物无声的方式将正确的价值观传递给读者。

本书可作为中职、高职院校车辆工程相关专业的专业课程教材，同时也可供广大汽车维修从业人员和社会人士阅读参考。

在编写过程中，相关企业给予了大力支持，提供了大量的任务背景、案例、情景素材以及相关资料，在此深表感谢！

本书由厦门技师学院组编，由于时间较紧及编者水平有限，书中难免有不当及疏漏之处，恳请各界人士批评指正，并提出宝贵意见，以便本书日后再版时臻于完善。

编者
2024 年 11 月

目录

CONTENTS

学习任务 1

线控底盘数据读取与分析

任务描述

【任务情景】

某物流配送中心接收到一台无人驾驶物流配送车，在车辆上线运营前，需要检查车辆状态是否正常。维修人员须依据车辆维修手册等技术标准要求，采集车辆数据并结合通信协议进行数据分析，确保车辆各系统状态良好。

【任务要求】

汽车维修工从班组长处接收维修任务，阅读维修工单，明确作业要求，确认故障现象，查阅相应车型的维修手册，明确底盘的具体数据采集项目和流程；在班组长的指导下，按照作业流程，规范地对底盘数据进行读取与分析。

(1)查阅相应车型的维修手册，分析并确定数据采集项目；

(2)制定线控底盘数据采集计划，在规定工期内完成线控底盘数据读取与分析；

(3)将读取的数据存档，对线控底盘数据读取与分析作业进行总结分析。

【任务资料】

完成上述任务时，可以使用所有的教学资料，如工作页、信息页、使用说明书、维修手册、多媒体资料和网络在线学习资源等。

学习目标

序号	学习环节	学时	学习目标
1	获取线控底盘系统信息	12	概述线控底盘的概念、结构及发展趋势
			列举 CAN 总线和 LIN 总线网络的组成与通信原理
			概括新能源高压系统的工作原理、注意事项等
			理解四轮定位参数对车辆行驶的影响
2	制定物流车数据分析计划	4	能结合任务要求，分析车辆 CAN 网络拓扑及车辆 CAN 通信协议
			能根据任务要求，运用相关设备工具，采集 CAN 报文信息并进行分析
			能根据任务要求，制定物流车数据分析计划
3	做出物流车数据分析决策	2	能以小组为单位，讨论已制定的工作计划并做出决策
			能根据审批意见，优化物流车数据分析工作计划
			能明确软件使用及数据分析方法
			能与他人进行有效沟通及合作
4	实施物流车数据分析任务	12	能完成物流车数据分析，正确填写各种检查记录表
			能成功实施 CAN 报文的采集与分析工作
			实施完毕能进行内容检测、优化，正确填写工作记录并交付验收
5	物流车数据分析过程控制	4	能按照任务要求，对所制定物流车数据分析内容进行自检、互检
			能分析作业过程存在问题的原因，并提出解决办法
			能检验分析内容的正确性，优化分析方法
6	任务评价与反馈	2	能按分组情况，派代表展示工作成果，说明本次任务的完成情况，并做分析总结
			能结合任务完成情况，正确规范地撰写工作总结（心得体会）
			能对学习与工作进行反思总结，并能与他人开展良好合作，进行有效沟通

学习路径

序号	学习环节	学习步骤	学习活动
1	获取线控底盘系统信息	线控底盘认知	线控底盘的功能和特点
			线控底盘的组成及工作原理
			线控底盘的关键技术与发展趋势
2		车载网络通信技术认知	CAN 总线及测试设备认知
			LIN 总线网络

续表

序　号	学习环节	学习步骤	学习活动
3	获取线控底盘系统信息	新能源汽车高压系统认知	高压操作注意事项
			高压触电原理及防护方法
			前束对汽车的影响
4		四轮定位参数对车辆行驶状态的影响	外倾角对汽车的影响
			主销后倾角对汽车的影响
			主销内倾角对汽车的影响
5	制定物流车数据分析计划	制定计划	制定物流车数据分析计划
6	做出物流车数据分析决策	做出决策	小组讨论计划可行性，就最优方案做出决策
7	实施物流车数据分析任务	工具设备检查	工具设备检查
8		CAN 报文采集与解析	CAN 报文采集
			CAN 报文解析
9	物流车数据分析过程控制	过程控制	任务清查
			8S 清查
10	任务评价与反馈	评价反馈	展示任务成果
			记录意见建议
			书写心得体会
			考核计分

学习准备

工　具	设　备	资　料
电脑、CAN 总线分析仪	底盘线控系统测试装调实验实训台	教学课件、维修视频教学资料、网络教学资源

任务工单

任务名称	物流车数据分析		
任务负责人		任务接收时间	
任务下达者		要求完成时间	

工作任务说明：

分析车辆 CAN 的网络拓扑与通信协议，实现对 CAN 报文的采集与解析。

<table>
<tr><td colspan="6">情况记录：</td></tr>
<tr><td>任务等级</td><td>□一般</td><td>□重要</td><td>□紧急</td><td>□非常重要</td><td>□非常紧急</td></tr>
<tr><td>完成时间</td><td>□提前完成</td><td>□按时完成</td><td>□延期完成</td><td>□未能完成</td><td></td></tr>
<tr><td>完成质量</td><td>□优秀</td><td>□良好</td><td>□一般</td><td>□差</td><td></td></tr>
</table>

项目总结

将学生按每组 4～6 人分组，明确每组的工作任务。

<table>
<tr><td>班　　级</td><td></td><td>组　　号</td><td></td><td>指导老师</td><td></td></tr>
<tr><td>组　　长</td><td></td><td>学　　号</td><td colspan="3"></td></tr>
<tr><td>组　　员</td><td colspan="5"></td></tr>
<tr><td colspan="6">任务分工</td></tr>
<tr><td colspan="6">例：__________同学，主要负责______________________________工作。</td></tr>
</table>

学习环节 1　获取线控底盘系统信息

学习目标：

1. 概述线控底盘的概念、结构及发展趋势；
2. 列举 CAN 总线和 LIN 总线网络的组成与通信原理；
3. 概括新能源高压系统的工作原理、注意事项等；
4. 理解四轮定位参数对车辆行驶的影响。

学习要求：

根据引导问题，从信息页中获取对应的信息，并在空白处填写答案。

建议课时：12 课时

步骤 1　线控底盘认知

活动 1　线控底盘的功能和特点

引导问题 1：查阅相关资料，简述什么是线控底盘，线控底盘的主要功能有哪些。

____

____

____

引导问题 2：线控底盘的特点包括__________、结构合理轻量化、__________、__________、__________等。

活动 2　线控底盘的组成及工作原理

引导问题 3：线控底盘系统的三大核心组成系统分别为线控转向系统、__________、__________。

引导问题 4：简述线控底盘的主要组成部分以及工作原理。

____

____

____

引导问题 5：请在下方方框中绘制出自动驾驶模式下线控底盘系统的工作原理。

活动 3　线控底盘的关键技术与发展趋势

引导问题 6：简述线控底盘的六大关键技术。

____

____

____

引导问题 7：简述线控底盘的过去、现阶段及未来的发展过程。

____

____

____

步骤 2　车载网络通信技术认知

活动 1　CAN 总线及测试设备认知

引导问题 8：简述 CAN 总线的总体构成。

____

____

____

____

引导问题 9：CAN 数据传输线是__________，大都采用具有较强抗干扰能力的__________，分为__________和__________。其绞距为__________，横截面积为 0.35 mm^2 或 0.50 mm^2。

引导问题 10：请根据图 1.1-1，简述 CAN 总线的网络通信原理。

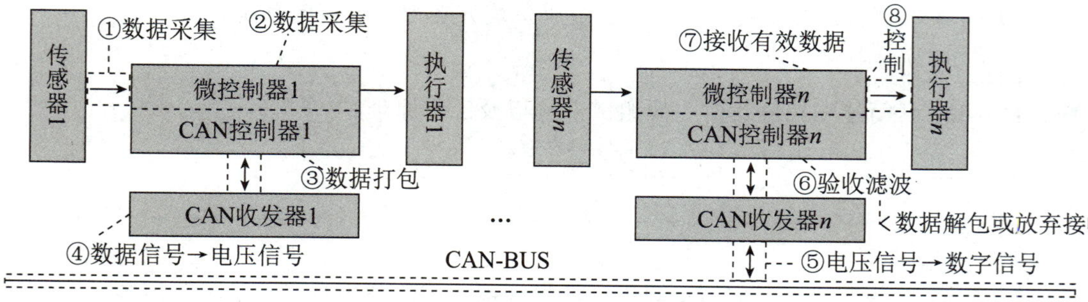

图 1.1-1　CAN 总线的网络结构

____

____

____

____

引导问题 11：CAN 总线通信帧共分为＿＿＿＿＿＿、＿＿＿＿＿＿、错误帧、过载帧、＿＿＿＿＿＿五种类型。

引导问题 12：分别解释 MCU、EHB、EPS、VCU、ECU 的含义。

引导问题 13：请计算 10110（二进制）的十进制为多少，要求写出计算步骤。

引导问题 14：概述 CAN 分析仪的结构。

引导问题 15：写出 CAN 分析仪的使用流程。

活动 2　LIN 总线网络

引导问题 16：写出 LIN 总线的通信原理。

步骤 3　新能源汽车高压系统认知

活动 1　高压系统的结构及工作原理

引导问题 17：请在下方方框中绘制高压系统的结构图。

活动 2　高压操作注意事项

引导问题 18:简述使用新能源汽车时,操作高压系统的注意事项。

活动 3　高压触电原理及防护方法

引导问题 19:简述高压触电原理及防护方法。

步骤 4　四轮定位参数对车辆行驶状态的影响

活动 1　前束对汽车的影响

引导问题 20:简述前束的作用及对汽车的影响。

活动 2　外倾角对汽车的影响

引导问题 21:简述外倾角的作用及对汽车的影响。

活动 3　主销后倾角对汽车的影响

引导问题 22:简述主销后倾角的作用及正、负两种情况分别对汽车产生的影响。

活动 4　主销内倾角对汽车的影响

引导问题 23:简述主销内倾角的作用及对汽车的影响。

学习环节 2　制定物流车数据分析计划

学习目标:

1. 能结合任务要求,分析车辆 CAN 网络拓扑及车辆 CAN 通信协议;
2. 能根据任务要求,运用相关设备工具,采集 CAN 报文信息并进行分析;
3. 能根据任务要求,制定物流车数据分析计划。

学习要求:

确定完成工作的途径、步骤和所需的工具材料,小组内每位成员提出自己的计划和方案,经小组讨论比较,综合每位同学的意见,确定小组的最终实施方案。

建议课时:4 课时

制定计划

引导问题:请查阅物流车数据分析相关资料,根据任务要求,确定所需要的软件、设备工具,并制定详细的物流车数据分析方案。

(1)需要的工具设备

(2)物流车数据分析方案

学习环节3　做出物流车数据分析决策

学习目标：

1. 能以小组为单位，讨论已制定的工作计划并做出决策；
2. 能根据审批意见，优化物流车数据分析工作计划；
3. 能明确软件使用及数据分析方法；
4. 能与他人进行有效沟通及合作。

学习要求：

经小组讨论比较，综合每位同学的意见，确定小组的最终实施方案。

建议课时：2课时

做出决策

引导问题：组内就实施计划进行深入探讨，确定实施重点和难点并提出解决方案。再根据表1.3-1所列的几个方面进行评分，选定分值最高的计划作为最终的任务实施方案。

表1.3-1　方案评价表

评价内容	评分(1～5)	备　注
功能性		能正确分析车辆CAN网络拓扑与CAN通信协议，实现报文采集并解析
技术方面		易于理解和操作
可维护性		易于维护和修改
可行性		技术可行性、资源可行性
综合得分		
结论：		

学习环节 4　实施物流车数据分析任务

学习目标：

1. 能完成物流车数据分析，正确填写各种检查记录表；
2. 能成功实施 CAN 报文的采集与分析工作；
3. 实施完毕能进行内容检测、优化，正确填写工作记录并交付验收。

学习要求：

根据制定的工作计划，按照下方步骤完成任务实施。

建议课时：12 课时

步骤 1　工具设备检查

活动　工具设备检查

引导问题 1：准备好安装有上位机软件的计算机、CAN 总线分析仪、线束并检查外观的完整性，完成表 1.4-1。

表 1.4-1　工具设备检查

根据实际情况在"□"位置上打"√"			
终端电阻检查是否正常	是□　否□	外观是否正常	是□　否□
指示灯是否正常	是□　否□	发送测试是否正常	是□　否□
接受测试是否正常	是□　否□	线束是否齐全	是□　否□

步骤 2　CAN 报文采集与解析

活动 1　CAN 报文采集

引导问题 2：实施 CAN 报文的采集，根据实施步骤流程按照实际操作设置将表 1.4-2 填写完整。

表 1.4-2　CAN 报文采集的工作流程

步　骤	具体事项	是否完成/操作设置
1	打开电源，将线控底盘实训台架的点火开关置于 ON 挡	是□　否□
2	连接线束，将 CAN 分析仪连接好通过 USB 接口数据线连接电脑	是□　否□

续表

步　骤	具体事项	是否完成/操作设置
3	打开 CANtest 上位机软件，设置相应数据，读取 CAN 总线上数据	波特率： 帧类型： CAN 口： 发送周期： 发送次数： 帧 ID：
4	在"查看"菜单中，读取正确 ID 的报文，当显示发送与接收正常时，说明 VCU 与 MCU 之间通信正常	是□　否□

活动 2　CAN 报文解析

引导问题 3：实施 CAN 报文的解析，按照实际操作设置将表 1.4-3、表 1.4-4、表 1.4-5 填写完整。

表 1.4-3　采集报文数据记录

字　节	计　算	数　据
Byte0		
Byte1		
Byte2		
Byte3		
Byte4		
Byte5		
Byte6		
Byte7		
报文 ID		
数据		

表 1.4-4　反馈报文

CAN 口	传输方向	时间标识	帧 ID	帧格式	帧类型	数据长度	数据 HEX

表 1.4-5　反馈报文解析

字　节	数　据	解　析
Byte0		
Byte1		

续表

字　节	数　据	解　析
Byte2		
Byte3		
Byte4		
Byte5		
Byte6		
Byte7		
结论：		

学习环节 5　物流车数据分析过程控制

学习目标：

1. 能按照任务要求，对所制定物流车数据分析内容进行自检、互检；
2. 能分析作业过程存在问题的原因，并提出解决办法；
3. 能检验分析内容的正确性，优化分析方法。

学习要求：

根据以下任务检查清单，小组合作进行必要的最终任务检查和 8S 清查，并根据任务实施过程和结果的实际情况，优化改进工作计划。

建议课时：4 课时

过程控制

活动 1　任务清查

引导问题 1：请根据表 1.5-1 进行必要的任务完成情况的最终检查。

表 1.5-1　任务检查清单

序　号	检查事项	检查结果
1	正确分析车辆 CAN 网络拓扑	□符合　□不符合
2	正确分析车辆 CAN 通信协议	□符合　□不符合
3	合理运用相关设备采集报文信息	□符合　□不符合
4	正确解析报文信息，得出完整的结论	□符合　□不符合

活动 2　8S 清查

引导问题 2：请根据表 1.5-2 进行必要的 8S 检查。

表 1.5-2　8S 检查清单

项　目	检查事项	检查结果
整理 (Seiri)	工作区域内是否有无用、过期或损坏的设备和工具？ 是否有未标识或标识不清的物品？ 是否有无关的文件、纸张或杂物？	□是　□否
整顿 (Seiton)	工具、设备和材料是否有固定的存放位置？ 存放位置是否合理、标识明确？ 工作区域是否整洁有序？ 是否有足够的储物空间和工作表面？	□是　□否

续表

项　目	检查事项	检查结果
清扫 (Seiso)	工作区域的地面、墙壁、设备和工具是否保持清洁? 是否有定期的清洁计划和责任人? 是否妥善处理垃圾和废弃物?	□是　□否
清洁 (Seiketsu)	工作区域内是否保持适宜的温度、湿度和通风? 是否有充足的照明设备? 是否定期检查和维护设备?	□是　□否
素养 (Shitsuke)	是否遵守操作的规范和标准? 是否确保工作的一致性和质量?	□是　□否
安全 (Safety)	是否检查安全设备的可用性? 是否正确使用个人防护设备?	□是　□否
节约 (Savings)	是否能识别并减少浪费? 是否提高维修工作的效率,减少不必要的等待时间?	□是　□否
学习 (Study)	是否分享经验和知识?	□是　□否

学习环节 6　任务评价与反馈

学习目标：

1. 能按分组情况，派代表展示工作成果，说明本次任务的完成情况，并做分析总结；
2. 能结合任务完成情况，正确规范地撰写工作总结（心得体会）；
3. 能对学习与工作进行反思总结，并能与他人开展良好合作，进行有效沟通。

学习要求：

对工作过程的设计和工作结果进行全面、客观的评价。

建议课时：2 课时

评价反馈

1. 各组派代表上台展示成果，并介绍任务的完成过程。
2. 其他组同学给你们提供了哪些意见或建议？请记录在下面。

____

____

____

3. 本次课的心得体会：______________________________

____

____

____

4. 请按照表 1.6-1，小组合作完成本任务的考核评价。

表 1.6-1　任务考核评价表

评价事项	分　值	评　分
正确分析车辆 CAN 网络拓扑	25	
正确分析车辆 CAN 通信协议	25	
合理运用相关设备采集报文信息	25	
正确解析报文信息，得出完整的结论	25	

实训报告

请按照下方的实训报告格式规范，结合自己本次的任务实践过程，完成实训报告的撰写。

一、实训名称：

二、实训基本情况

1. 实训时间：
2. 实训地点：
3. 实训目的：
4. 实训形式：

三、实训过程及内容

四、实训总结与体会

学习任务终结性评价

评价方式采用多元化评价，评价主体由学生、小组与教师构成，评价标准、分值及权重如下所示：

(1)学生进行自我评价，并将结果填入学生自评表中。

学生自评表

班级：＿＿＿＿＿＿　　组名：＿＿＿＿＿＿　　日期：＿＿＿＿年＿＿月＿＿日

评价项目	评价标准	分　值	得　分
信息检索	能有效利用网络资源、配套资料查找有效信息	10	
知识掌握	能准确理解学习任务中讲述的知识内容	15	
技能训练	能按照技术规范，正确使用工具及设备进行任务实施	15	
感知工作	认同工作价值，在工作中能获得成就感	10	
团队素养	教师、同学之间相互尊重、理解，能平等交流	10	
职业素养	能严格遵守相关工作守则和法律法规	10	
思维状态	能发现问题、分析问题并解决问题	10	
参与状态	能发表个人见解，倾听他人意见和看法	10	
创新意识	能在工作过程中做出创新点	10	
合　计		100	

(2)学生以小组为单位，对学习任务的实施过程与结果进行互评，并将结果填入小组互评表中。

小组互评表

班级：＿＿＿＿＿＿　　被评组名：＿＿＿＿＿＿　　日期：＿＿＿＿年＿＿月＿＿日

评价项目	评价标准	分　值	得　分
团队素养	该小组成员间合作紧密，能互帮互助	15	
	该组的工作计划周密，组织有序	15	
	该组态度端正，有较强的吃苦耐劳精神	10	
工作情况	该组的工作效率突出	20	
	该组的工作成果完整且质量达标	30	
	该组严格遵守相关工作守则和法律法规	10	
合　计		100	

(3)教师对学生工作过程与工作结果进行评价，并将结果填入教师评价表中。

教师评价表

班级：＿＿＿＿＿＿　　　　组名：＿＿＿＿＿＿　　　　姓名：＿＿＿＿＿＿

评价项目	评价标准	分值	得分
考勤	无无故迟到、早退、旷课现象	10	
工作过程	能正确回答引导问题并填写答案	20	
	能制定详细的工作计划	10	
	能遵守技术规范，实施过程顺畅、无意外	20	
项目成果	能按时完成任务	10	
	学习态度认真、细致、严谨	10	
	任务成果完整且质量达标	20	
合计		100	

综合评价	自我评价(20%)	小组互评(30%)	教师评价(50%)	综合得分

学习任务2

车辆直行跑偏故障维修

任务描述

【任务情景】

某智能网联汽车品牌服务中心接收到一辆故障车辆，故障现象为车辆直行跑偏，须对该车辆线控底盘系统中的线控转向系统进行故障维修。维修人员须依据车辆维修手册、四轮定位指导书等技术标准要求，通过检查转向电机部件、采集四轮定位数据等，查找、确定并修复故障点，确保车轮数据正常，车辆直行行驶状态良好。

【任务要求】

汽车维修工从班组长处接收维修任务，阅读维修工单，明确作业要求，确认故障现象，查阅相应车型的维修手册，明确底盘的具体检修项目和流程；在班组长的指导下，按照作业流程，规范地对底盘故障进行诊断，确认故障部位，实施相应零部件的拆卸、分解、清洗和检查；根据检查结果制定经济、合理的维修方案并实施维修。自检合格后交付班组长进行质量检验。

(1)从满足顾客对汽车底盘维修质量、经济性、维修时间等需求的角度来制定汽车检修作业流程；

(2)按底盘相关维修项目的作业流程与规范，在规定的时间内完成底盘维修任务；

(3)按企业内部检验规范进行检验；

(4)作业过程严格执行企业安全生产制度、环保管理制度以及“8S”管理规定。

【任务资料】

完成上述任务时，可以使用所有的教学资料，如工作页、信息页、使用说明书、维修手册、多媒体资料和网络在线学习资源等。

学习目标

序号	学习环节	学时	学习目标
1	获取线控转向系统信息	4	认知线控转向系统的功能、分类、特点等
			了解线控转向系统的通信原理
			掌握线控转向系统部件接插器针脚的定义
2	制定车辆直行跑偏故障维修计划	7	能结合任务要求，分析所需工具、设备需求
			能根据任务要求，梳理流程步骤，完成各部分内容准备工作
			能根据任务要求，制定车辆直行跑偏故障维修计划
3	做出车辆直行跑偏故障维修决策	4	能以小组为单位，讨论已制定的工作计划并做出决策
			能根据审批意见，优化车辆直行跑偏故障维修工作计划
			能明确设备工具及软件使用方法
			能与他人进行有效沟通及合作
4	实施车辆直行跑偏故障维修任务	11	能做好工作前的工具准备与设备外观检查工作
			能合理运用设备工具完成车辆线控转向系统的拆装与调试工作
			能成功检修线控转向电源故障、线控转向 CAN 通信故障及扭矩和转角传感器问题
			实施完毕后能进行自检、优化，正确填写工作记录并交付验收
5	车辆直行跑偏故障维修过程控制	4	能按照任务要求，对所制定车辆直行跑偏故障维修内容进行自检、互检
			能分析作业过程存在问题的原因，并提出解决办法
			能检验实施过程的正确性，优化调试与检修方法
6	任务评价与反馈	4	能按分组情况，派代表展示工作成果，说明本次任务的完成情况，并做分析总结
			能结合任务完成情况，正确规范地撰写工作总结（心得体会）
			能对学习与工作进行反思总结，并与他人开展良好合作，进行有效沟通

学习路径

序号	学习环节	学习步骤	学习活动
1	获取线控转向系统信息	认识线控转向系统	线控转向系统的功能与分类
			线控转向系统的结构与工作原理
			线控转向系统的特点
			线控转向系统的验收标准
2		认知通信原理	线控转向系统通信原理
3		线控转向系统故障检修	线控转向系统电路图分析
			线控转向系统部件接插器针脚定义

续表

序　号	学习环节	学习步骤	学习活动
4	制定车辆直行跑偏故障维修计划	制定计划	制定车辆直行跑偏故障维修计划
5	做出车辆直行跑偏故障维修决策	做出决策	小组讨论计划可行性，就最优方案做出决策
6	实施车辆直行跑偏故障维修任务	工具设备检查	工具设备检查
7		线控转向系统拆装	线控转向系统拆卸
			线控转向系统安装
8		线控转向系统调试	线控转向系统测试
			CAN 报文采集
			CAN 报文解析
9		线控转向系统故障检修	线控转向电源故障检修
			线控转向 CAN 通信故障检修
			扭矩和转角传感器检修
10	车辆直行跑偏故障维修过程控制	过程控制	任务清查
			8S 清查
11	任务评价与反馈	评价反馈	展示任务成果
12			记录意见建议
13			书写心得体会
14			考核计分

学习准备

工　具	设　备	资　料
拆装工具套装、螺钉旋具套装、球头拆卸器、钳子、锤子、轮胎拆装工具	底盘线控系统测试装调实验实训台	教学课件、维修视频教学资料、网络教学资源

任务工单

任务名称	车辆直行跑偏故障维修		
任务负责人		任务接收时间	
任务下达者		要求完成时间	

工作任务说明：

进行线控转向系统拆装、调试，对线控转向电源、CAN 通信以及扭矩和转角传感器进行故障检修。

情况记录：					
任务等级	□一般	□重要	□紧急	□非常重要	□非常紧急
完成时间	□提前完成	□按时完成	□延期完成	□未能完成	
完成质量	□优秀	□良好	□一般	□差	

项目总结

将学生按每组4～6人分组，明确每组的工作任务。

班　　级		组　　号		指导老师	
组　　长		学　　号			
组　　员					
任务分工					
例：__________同学，主要负责__________________________工作。					

学习环节 1　获取线控转向系统信息

学习目标：

1. 认知线控转向系统的功能、分类、特点等；
2. 了解线控转向系统的通信原理；
3. 掌握线控转向系统部件接插器针脚的定义。

学习要求：

根据引导问题，从信息页中获取对应的信息，并在空白处填写答案。

建议课时：4 课时

步骤 1　认识线控转向系统

活动 1　线控转向系统的功能与分类

引导问题 1：查阅相关资料，简述线控转向系统的功能有哪些。

____

____

____

引导问题 2：简要说明线控转向系统的分类以及各部分结构特征。

____

____

____

活动 2　线控转向系统的结构与工作原理

引导问题 3：根据辅助电机位置的不同，电动助力转向系统(EPS)可分为柱辅助型(C-EPS)、__________、__________等形式。

引导问题 4：简述线控转向系统(SBW)的主要组成部分及其工作原理。

____

____

____

引导问题 5：请在下方方框中绘制出线控转向系统(SBW)的前轮转向模块组成部分。

引导问题 6：写出图 2.1-1 中序号对应的模块名称。

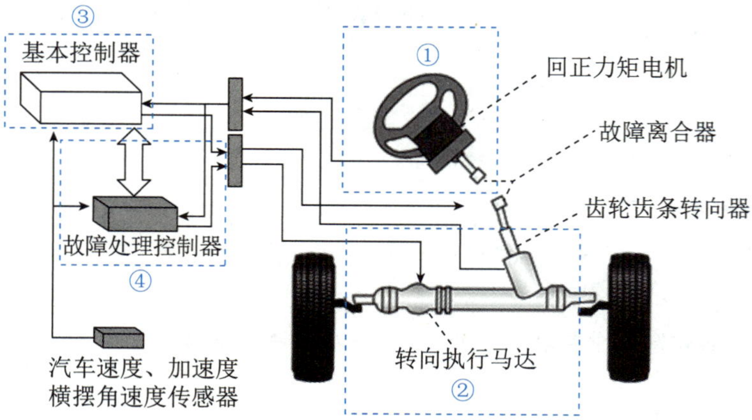

图 2.1-1　线控转向系统(SBW)结构

____

____

____

活动 3　线控转向系统的特点

引导问题 7：请简要描述线控转向系统的六大特点。

____

____

____

活动 4　线控转向系统的验收标准

引导问题 8：概述线控转向系统的总体要求。

____

____

____

引导问题 9：汽车的稳态转向特性分为____________、____________和过多转向三种类型。

引导问题 10：分别概述超调量、稳定时间、稳态误差的含义。

____

____

____

步骤 2　认知通信原理

活动 1　线控转向系统通信原理

引导问题 11：根据表 2.1-1 提供的 CAN 报文协议，回答相关问题。

表 2.1-1　CAN 报文协议

字节		定义	格式
Byte0	bit0	1＝工作；0＝停止	bit0＝1，ECU 进入工作模式；bit0＝0，ECU 进入停止模式
	bit1	预留	bit1＝0（默认）
	bit2	1＝设置当前位置为“中位”；0＝该命令失效	bit2＝1，ECU 标定当前位置为角度中点，即 0 角度（bit2 生效时 bit0＝0，Byte＝0＊04）
	bit3	预留	bit3＝0
	bit4～bit7	预留	bit4～bit7＝0
Byte1	低字节	角度控制	角度旋转到当前数值对应的角度（－720°～＋720°），逆时针旋转为正，顺时针旋转为负，0°为对应中点位置
Byte2	高字节		
Byte3、Byte4		预留	—

（1）根据上方报文信息，当转向盘逆时针旋转 80°时，数值 80 换算成两字节十六进制数为__________。由于 Byte1 为低字节，Byte2 为高字节，则 Byte1＝__________，Byte2＝__________。

（2）根据上方报文信息，当在调试时，若只需调试 EPS 的部分数据，CAN 报文中未涉及的字节默认为__________，未涉及的位默认为__________即可。

步骤 3　线控转向系统故障检修

活动 1　线控转向系统电路图分析

引导问题 12：请根据图 2.1-2 提供的电路图概括其工作过程。

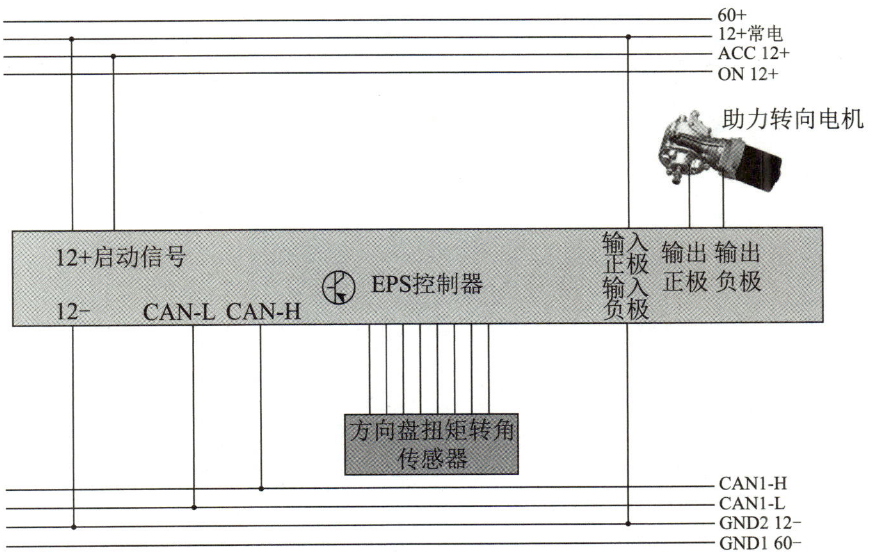

图 2.1-2　线控转向系统电路图

____

____

引导问题 13：请简要说明 3 组 ECU 的线控转向系统的工作过程。

____

____

____

活动 2　线控转向系统部件接插器针脚定义

引导问题 14：写出图 2.1-3 中 ECU 接线端针脚名称。

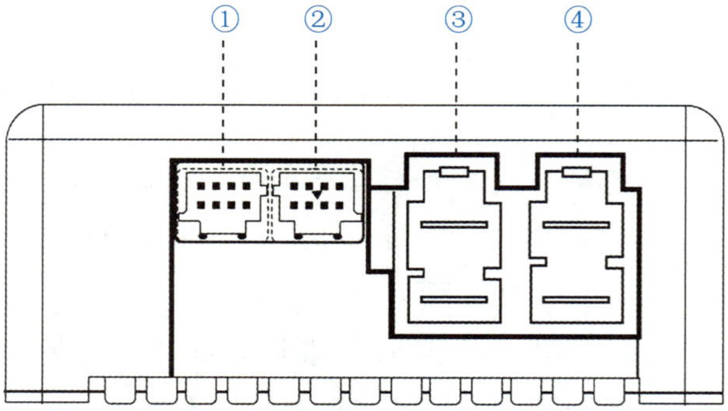

图　序	名　称
①	
②	
③	
④	

图 2.1-3　ECU 接线端针脚

学习环节 2　制定车辆直行跑偏故障维修计划

学习目标：

1. 能结合任务要求，分析所需工具、设备需求；
2. 能根据任务要求，梳理流程步骤，完成各部分内容准备工作；
3. 能根据任务要求，制定车辆直行跑偏故障维修计划。

学习要求：

确定完成工作的途径、步骤和所需的工具材料，小组内每位成员提出自己的计划和方案，经小组讨论比较，综合每位同学的意见，确定小组的最终实施方案。

建议课时：7 课时

制定计划

引导问题：查阅车辆直行跑偏故障维修相关资料，根据任务要求，确定所需设备工具，并制定详细的车辆直行跑偏故障维修方案。

（1）需要的工具设备

（2）车辆直行跑偏故障维修方案

学习环节 3　做出车辆直行跑偏故障维修决策

学习目标：

1. 能以小组为单位，讨论已制定的工作计划并做出决策；
2. 能根据审批意见，优化车辆直行跑偏故障维修工作计划；
3. 能明确设备工具及软件使用方法；
4. 能与他人进行有效沟通及合作。

学习要求：

经小组讨论比较，综合每位同学的意见，确定小组的最终实施方案。

建议课时：4 课时

做出决策

引导问题：组内就实施计划进行深入探讨，确定实施重点和难点并提出解决方案。再根据表 2.3-1 所列的几个方面进行评分，选定分值最高的计划作为最终的任务实施方案。

表 2.3-1　方案评价表

评价内容	评分(1～5)	备　注
功能性		① 完成线控转向系统的拆装； ② 完成线控转向系统的调试； ③ 完成线控转向系统的故障检修
技术方面		易于理解和操作
可维护性		易于维护和修改
可行性		技术可行性、资源可行性
环保性		维修过程中产生的废物、排放物以及能源消耗在合理范围内
社会接受度		态度、观念和意识形态等方面的综合评估
综合得分		
结论：		

学习环节 4　实施车辆直行跑偏故障维修任务

学习目标：

1. 能做好工作前的工具准备与设备外观检查工作；
2. 能合理运用设备工具完成车辆线控转向系统的拆装与调试工作；
3. 能成功检修线控转向电源故障、线控转向 CAN 通信故障及扭矩和转角传感器问题；
4. 实施完毕后能进行自检、优化，正确填写工作记录并交付验收。

学习要求：

根据制定的工作计划，按照下方步骤完成任务实施。

建议课时：11 课时

步骤 1　工具设备检查

活动 1　工具设备检查

引导问题 1：准备好数字示波器、测量线束、信号发生器、信号发生器线束等设备，并进行外观检查，完成表 2.4-1。

表 2.4-1　工具设备检查

根据实际情况在“□”位置上打“√”			
绝缘手套外观是否完好	是□　否□	安全帽生产日期是否符合要求	是□　否□
设备线束插头是否完好	是□　否□	工具使用功能是否正常	是□　否□
线束绝缘外层有无损坏	是□　否□	工具是否齐全	是□　否□

步骤 2　线控转向系统拆装

活动 1　线控转向系统拆卸

引导问题 2：实施线控转向系统的拆卸，具体操作步骤如表 2.4-2 所示。

表 2.4-2　线控转向系统拆卸操作流程

拆卸前防护		
步　骤	具体事项	图　示
1	个人防护：维修人员须戴防护手套	

续表

拆装前防护		
步 骤	具体事项	图 示
2	整车防护：车内部需铺上转向盘套、座椅套和脚垫，车外部需铺上格栅和翼子板	

正式拆卸		
步 骤	具体事项	图 示
1	断开蓄电池负极，然后等待 2 min	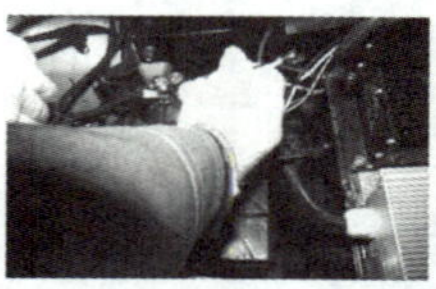
2	拆卸安全气囊，分离气囊插接器，然后分离喇叭插接器，并将安全气囊取出	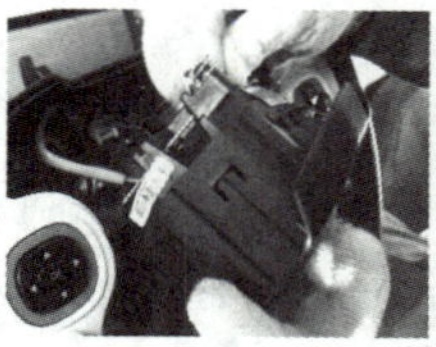
3	确定轮胎朝向正前方，拆卸方向盘固定螺母，并将方向盘取下	
4	拆卸转向管柱上下装饰板固定螺栓，并将上下装饰板取下	
5	分离气囊游丝插接器	
6	分离灯光和雨刮线束的插接器	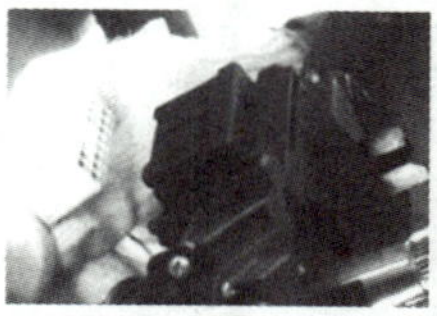
7	拆卸灯光和雨刮组合开关固定螺栓，并将组合开关取下	

续表

正式拆卸		
步　骤	具体事项	图　示
8	分离点火开关插接器	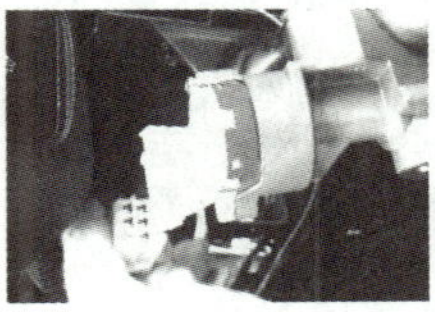
9	拆卸点火开关固定螺栓，并将开关取下	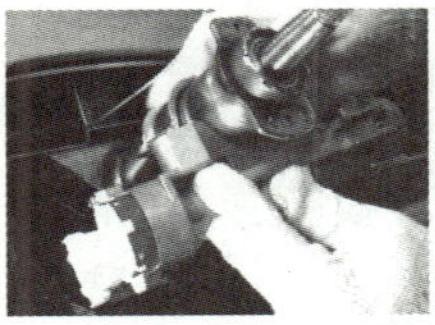
10	拆卸线控转向系统的控制器固定螺栓，然后分离控制器上所有插接器，并将控制器取出	
11	拆卸转向管柱的 4 颗固定螺栓，并将管柱取下	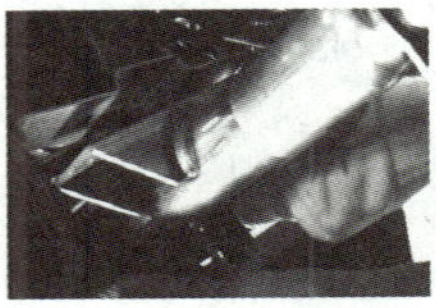
12	拆卸助力转向电机至万向传动轴一端紧固定螺栓并将电机取下	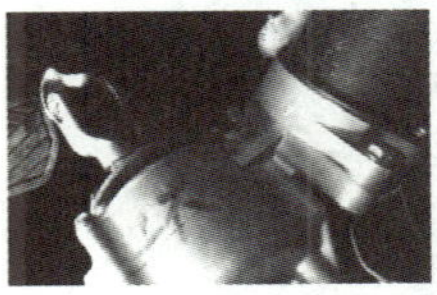
13	拆卸万向传动轴至转向器花键上的固定螺栓，并将传动轴取下	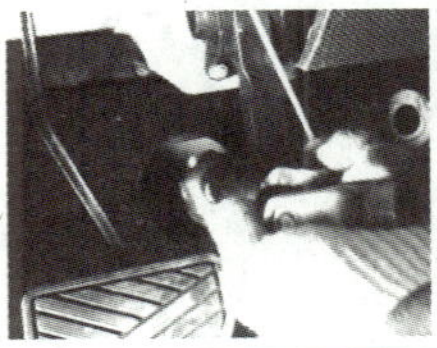
14	利用轮胎与地面的附着力，按对角线分别松开两前轮胎固定螺栓	
15	操作举升机，将车辆举升到彻底离开地面的位置，按对角线拆卸两前轮胎螺栓，分别将两前轮胎取下	

续表

正式拆卸		
步　骤	具体事项	图　示
16	用尖嘴钳分别拆卸两侧螺栓锁紧销，然后分别拆卸两侧转向横拉杆球头固定螺母	
17	操作举升机举升车辆至合适位置，分别拆卸转向器左右两个固定卡箍的锁紧螺栓，并将卡箍取下	
18	将转向器取出	

活动 2　线控转向系统安装

引导问题 3：实施线控转向系统的安装，具体操作步骤如表 2.4-3 所示。

表 2.4-3　线控转向系统安装操作流程

步　骤	具体事项	图　示
1	将转向器放至安装位置	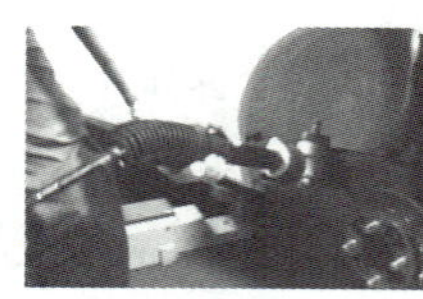
2	安装转向器的左、右两个固定卡箍并安装锁紧螺栓	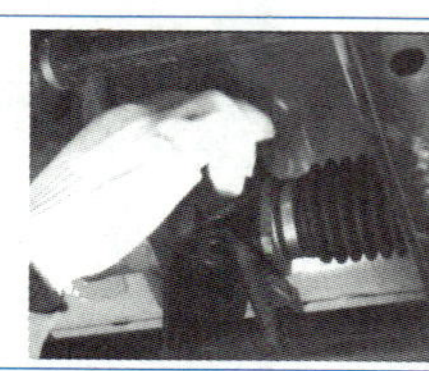
3	安装转向横拉杆球头，然后安装固定螺母，并用尖嘴钳安装螺栓锁紧销	
4	操作举升机下降车辆至合适位置，安装两前轮胎，先用手带上轮胎螺栓，然后按对角线用轮胎拆装工具进行预紧	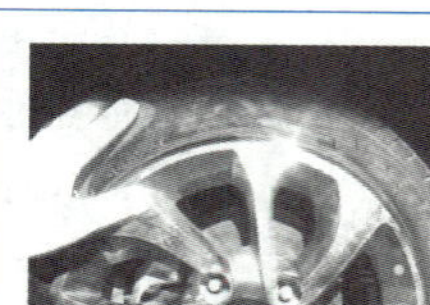

续表

步　骤	具体事项	图　示
5	操作举升机，降下车辆至地面	
6	利用地面的附着力固定轮胎，依对角线按规定力矩拧紧	
7	在驾驶室处，将万向传动轴安装至转向器花键上，安装固定螺栓，并按规定力矩拧紧	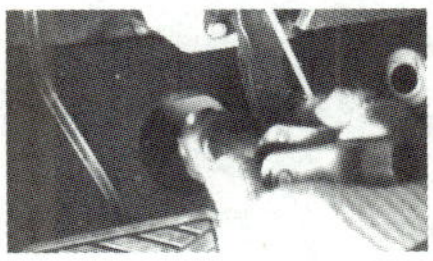
8	将助力转向电机安装至万向传动轴另一端，安装固定螺栓，并按规定力矩拧紧	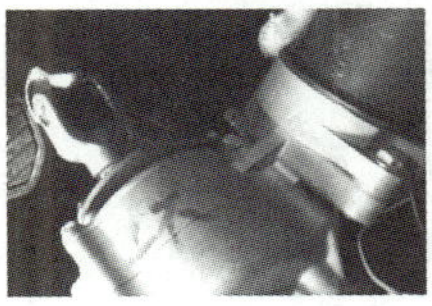
9	将转向管柱上端安装孔对准防火墙支架孔，安装转向管柱的 4 颗固定螺栓，并按规定力矩拧紧	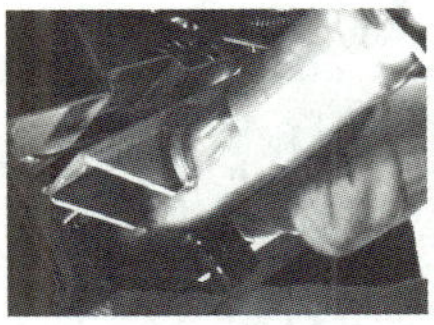
10	安装线控转向系统的控制器。控制器安装在主驾驶仪表台内部，首先连接控制器上所有插接器，再将控制器放入安装位置，安装固定螺栓，并按规定力矩拧紧	
11	将点火开关放至转向管柱，然后安装固定螺栓并按规定力矩拧紧	
12	连接点火开关插接器	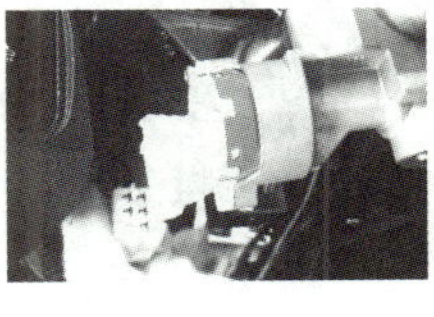

续表

步 骤	具体事项	图 示
13	安装灯光和雨刮组合开关，用十字螺丝刀安装固定螺栓	
14	连接灯光和雨刮线束插接器	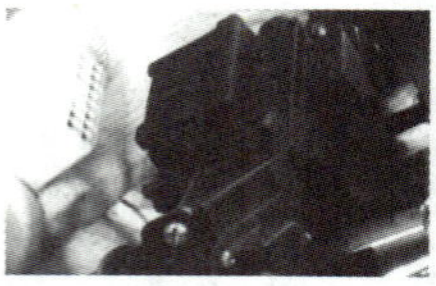
15	安装气囊游丝及其插接器	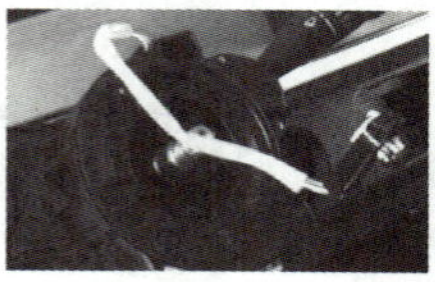
16	安装转向管柱上下装饰板，并用十字螺丝刀固定螺栓	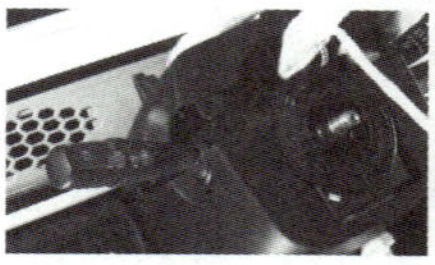
17	安装方向盘前，须确定游丝旋转圈数的中间位置。方法为：将气囊游丝向左旋转至极限位置，然后摆正游丝，回旋 3 圈，即是中间位置	
18	确定轮胎朝向正前方，将方向盘放至转向管柱，安装固定螺母，并按规定力矩拧紧	
19	连接气囊插接器，然后连接喇叭插接器，将气囊装入方向盘	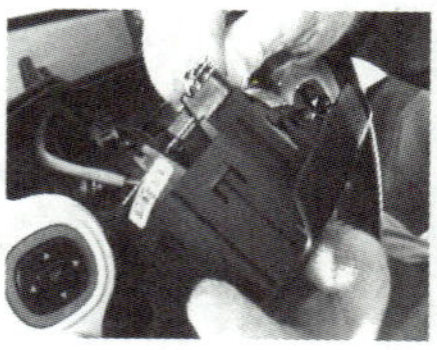
20	安装蓄电池负极，并按规定力矩紧固至此，线控转向系统整车安装完成，可撤除车外及车内防护	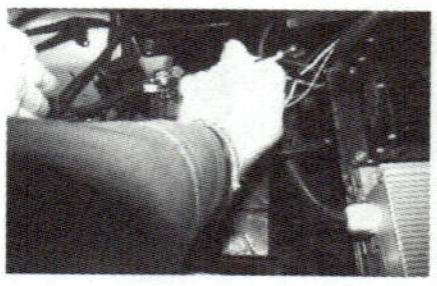

步骤 3　线控转向系统调试

活动 1　线控转向系统测试

引导问题 4：在线控转向系统通信原理的基础上，对设置转向系统中点、转向盘旋转方向和角度以及解析 EPS 反馈报文进行实训。具体操作步骤如下。

1. VCU 向 EPS-ECU 发送 CAN 报文计算

VCU 向 EPS-ECU 发送 CAN 报文，须选择 CAN1 发送报文，帧 ID 选择 0x314，发送周期填 100(单位为 ms)，发送次数填 100，波特率选择默认的 500 Kbps(kbit/s)，帧类型选择默认的“接收所有类型”，如图 2.4-1 所示。

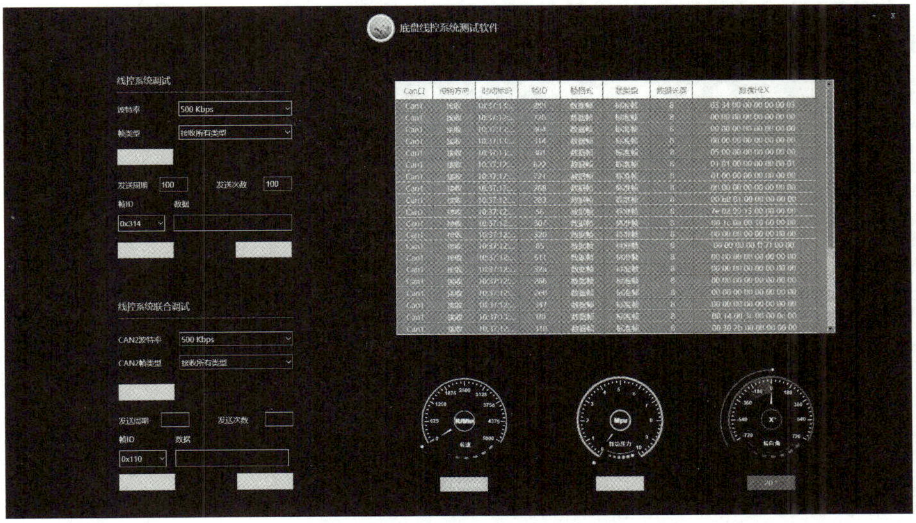

图 2.4-1　底盘线控系统测试软件

2. 线控系统测试——设置当前位置为转向系统中点，参照表 2.4-4。

表 2.4-4　报文 ID:0x314　数据 0400000000000000

字　节	计　算	数　据
Byte0	Byte0 的 bit2 用来设置方向盘的中点，且当 bit2 为 1 时，ECU 标定当前位置为角度中点，而 bit2 为 1 在 bit0 为 0 时才生效，故 Byte0 为 0x04	0x04
Byte1	Byte1、Byte2 用来设置方向盘旋转的角度，与方向盘中点设置无关，默认为 0x0000 即可	0x0000
Byte2		
Byte3	Byte3 为预留字节，默认 Byte3 为 0x00	0x00
Byte4	Byte4 为预留字节，默认 Byte4 为 0x00	0x00
Byte5	Byte5 为预留字节，默认 Byte5 为 0x00	0x00
Byte6	Byte6 为预留字节，默认 Byte6 为 0x00	0x00
Byte7	Byte7 为预留字节，默认 Byte7 为 0x00	0x00

3. 线控系统测试——转向盘逆时针旋转 160°，参照表 2.4-5。

表 2.4-5　报文 ID:0x314　数据 01A0000000000000

字　节	计　算	数　据
Byte0	方向盘旋转须 EPS 处于工作状态，Byte 的 bit0 用来设置 EPS 的工作与停止状态，且 bit0 为 1 时，EPS 为工作模式，故 Byte0 为 0x01	0x01
Byte1 Byte2	Byte1、Byte2 用来设置方向盘旋转的角度，数值 160 换算成两字节十六进制数为 0x00A0，由于 Byte1 为低字节，Byte2 为高字节，则 Byte1 为 0xA0 时，Byte2 为 0x00，因此 Byte1、Byte2 为 0xA000	0xA000
Byte3	Byte3 为预留字节，默认 Byte3 为 0x00	0x00
Byte4	Byte4 为预留字节，默认 Byte4 为 0x00	0x00
Byte5	Byte5 为预留字节，默认 Byte5 为 0x00	0x00
Byte6	Byte6 为预留字节，默认 Byte6 为 0x00	0x00
Byte7	Byte7 为预留字节，默认 Byte7 为 0x00	0x00

4. 线控系统测试——转向盘顺时针旋转 160°，参照表 2.4-6。

表 2.4-6　报文 ID:0x314　数据 0160FF0000000000

字　节	计　算	数　据
Byte0	方向盘旋转须 EPS 处于工作状态，Byte 的 bit0 用来设置 EPS 的工作与停止状态，且 bit0 为 1 时，EPS 为工作模式，故 Byte0 为 0x01	0x01
Byte1 Byte2	Byte1、Byte2 用来设置方向盘旋转的角度，由于顺时针旋转为负，须先将数值 160 进行转换，即 $16^4-160=65\ 376$，数值 65 376 换算成两字节十六进制数，为 0xFF60，由于 Byte1 为低字节，Byte2 为高字节，则 Byte1 为 0x60，Byte2 为 0xFF，因此 Byte1、Byte2 为 0x60FF	0x60FF
Byte3	Byte3 为预留字节，默认 Byte3 为 0x00	0x00
Byte4	Byte4 为预留字节，默认 Byte4 为 0x00	0x00
Byte5	Byte5 为预留字节，默认 Byte5 为 0x00	0x00
Byte6	Byte6 为预留字节，默认 Byte6 为 0x00	0x00
Byte7	Byte7 为预留字节，默认 Byte7 为 0x00	0x00

活动 2　CAN 报文采集

引导问题 5：EPS-ECU 向 VCU 反馈的报文计算。

在调试软件上反馈回的报文如表 2.4-7 所示：

表 2.4-7　反馈报文

CAN 口	传输方向	时间标识	帧 ID	帧格式	帧类型	数据长度	数据 HEX
CAN2	接收	14:43:21	0x18F	数据帧	标准帧	8	010CFE8819001E00

活动 3　CAN 报文解析

引导问题 6：通过解析报文，分析转向系统状态，具体解析内容参照表 2.4-8。

表 2.4-8　反馈报文解析

字　节	数　据	解　析
Byte0	0x01	Byte0 用于反馈 EPS-ECU 的状态，0x01 表示仅字节 Byte0 的 bit0 为 1，其余位都为 0。解析其所代表的含义：EPS-ECU 当前为工作模式，且其驱动部分正常，未检测到故障，未检测到 ECU 过温
Byte1 Byte2	0x0CFE	Byte1、Byte2 用于反馈方向盘此时旋转的角度，0x0CFE 先进行高低字节变换后为 0xFEOC，再换算成十进制值为 65 036，65 036 大于方向盘最大的旋转角度数值 720，可知方向盘为顺时针旋转，还须再次进行计算，即 $16^4-65\ 036=500$，表示当前方向盘顺时针旋转了 500°
Byte3 Byte4	0x8819	Byte3、Byte4 用于反馈当前 EPS 的电机电流，0x8819 先进行高低字节变换后为 0x1988，再换算成十进制值为 6 536，由前面解析 Byte1、Byte2 得知，方向盘为顺时针旋转，则数值6 536还须再次进行计算，即 $16^4-6\ 536=59\ 000$，表示当前 EPS 电机电流为 59000x0.001A=59 A
Byte5	0x00	预留字节
Byte6	0x1E	Byte6 用于反馈 EPS-ECU 的温度，0x1E 换算成十进制数为 30，表示当前 EPS-ECU 温度为 30 ℃
Byte7	0x00	预留字节

通过以上解析，可知转向系统状态为：ECU 处于工作模式、温度为 30 ℃且无任何故障，转向盘顺时针旋转了 500°，电机电流为 59 A。

步骤 4　线控转向系统故障检修

活动 1　线控转向电源故障检修

引导问题 7：实施线控转向电源故障检修，具体操作步骤如表 2.4-9 所示。

表 2.4-9　线控转向电源故障检修

故障检测前防护		
步　骤	事　项	图　示
1	个人防护：维修人员须戴防护手套	

续表

故障检测前防护		
步　骤	事　项	图　示
2	整车防护：车内部须铺上转向盘套、座椅套和脚垫；车外部须铺上格栅和翼子板	
故障检测		
步　骤	事　项	图　示
1	故障现象： 底盘线控系统测试装调实验实训台转向无助力，显示屏显示车身三级报警	
2	故障分析： 根据底盘线控系统测试装调实验实训台的调试软件中报文信息显示，发现线控转向系统控制器（EPS-ECU）输出报文的 CAN1 中 ID Ox18F 消失，可以判断为 EPS-ECU 通信故障	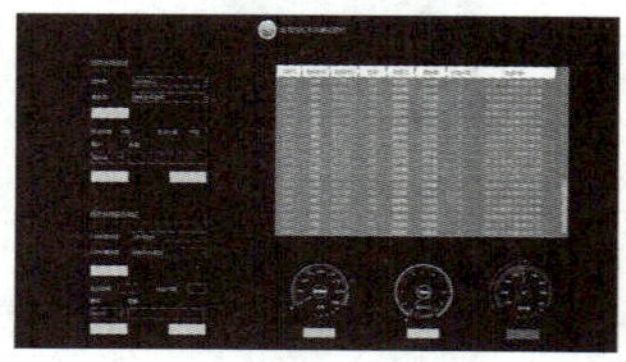
	造成故障的可能原因有： ① 线控转向系统控制器（EPS-ECU）电源故障； ② 线控转向系统控制器（EPS-ECU）通信故障； ③ 线控转向系统控制器（EPS-ECU）软件错误； ④ 线控转向系统控制器（EPS-ECU）硬件故障	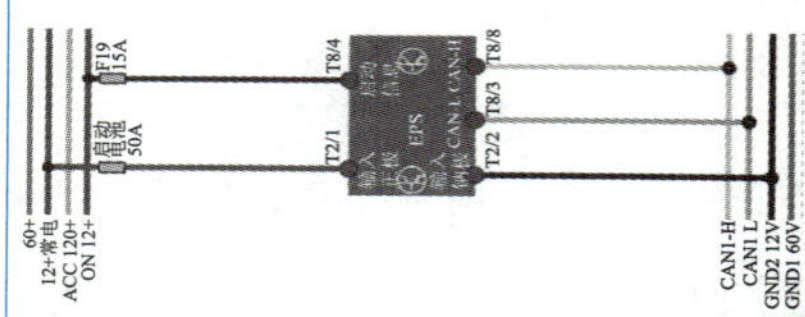
3	故障检测： 取下钥匙，分别拔下 EPS-ECU 信号插头和供电插头，插上钥匙并置于 ON 挡	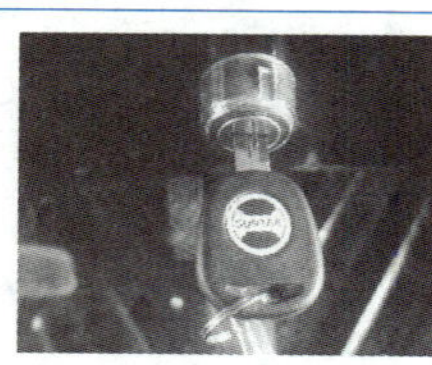
4	使用万用表蜂鸣挡，测量 EPS-ECU 供电插头搭铁 T2/2 号针脚和搭铁间通断。正常为导通状态	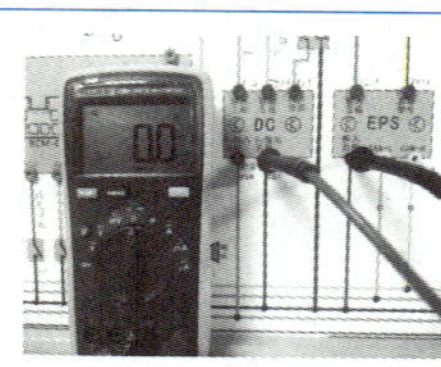
5	使用万用表电压挡，黑表笔接 EPS-ECU 供电插头搭铁 T2/2 号针脚，红表笔接 EPS-ECU 信号插头 ON 供电 T8/4 号针脚。正常测量值应为 12 V 左右	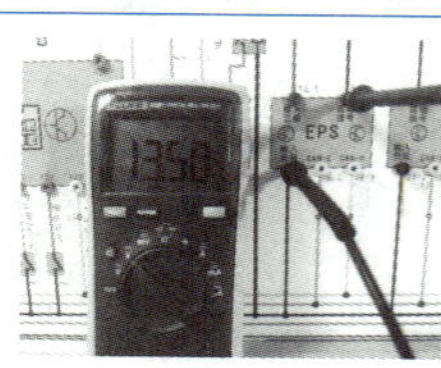

续表

故障检测		
步　骤	事　项	图　示
6	拔下 F19 保险丝，使用万用表电压挡，黑表笔接搭铁，红表笔接 F19 电压输入插座。正常测量值应为 12 V 左右	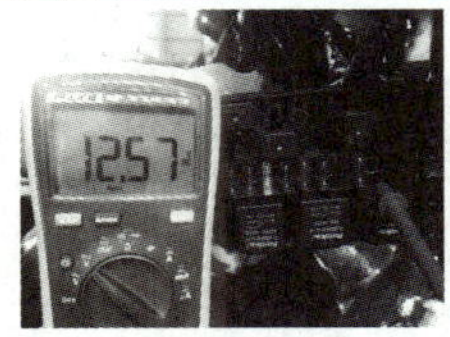
7	使用万用表蜂鸣挡，测量 F19 保险丝是否导通，正常为导通状态。如不导通，说明保险丝存在问题，需要更换保险丝	
8	使用万用表蜂鸣挡，测量 F19 保险丝电压输出插座和 EPS-ECU 信号插头 ON 供电 T8/4 号针脚之间线路。正常为导通状态	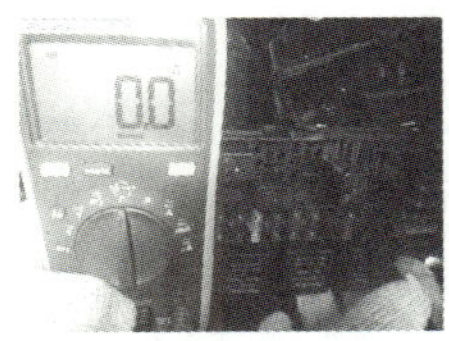
9	经万用表测得，F19 保险丝电压输出插座和 EPS-ECU 信号插头 ON 供电 T8/4 号针脚之间线路无穷大，存在短路故障，为线控转向系统控制器(EPS-ECU)电源故障	
10	故障修复： 维修或更换相同型号的线路，实训台恢复正常状态，故障排除，撤除防护	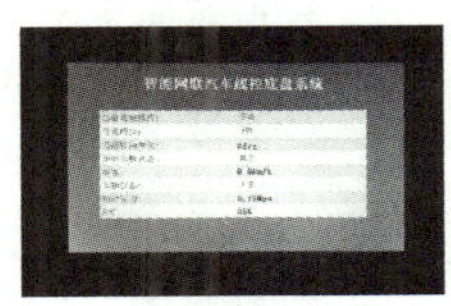

活动 2　线控转向 CAN 通信故障检修

引导问题 8：实施线控转向 CAN 通信故障检修，具体操作步骤如表 2.4-10 所示。

表 2.4-10　线控转向 CAN 通信故障检修

故障检测前防护		
步　骤	事　项	图　示
1	个人防护：维修人员须戴防护手套	

续表

<table>
<tr><th colspan="3">故障检测前防护</th></tr>
<tr><th>步　骤</th><th>事　项</th><th>图　示</th></tr>
<tr><td>2</td><td>整车防护：车内部需铺上转向盘套、座椅套和脚垫，车外部须铺上格栅和翼子板</td><td></td></tr>
<tr><th colspan="3">故障检测</th></tr>
<tr><th>步　骤</th><th>事　项</th><th>图　示</th></tr>
<tr><td>1</td><td>故障现象：
底盘线控系统测试装调实验实训台转向无助力，显示屏显示车身三级报警</td><td>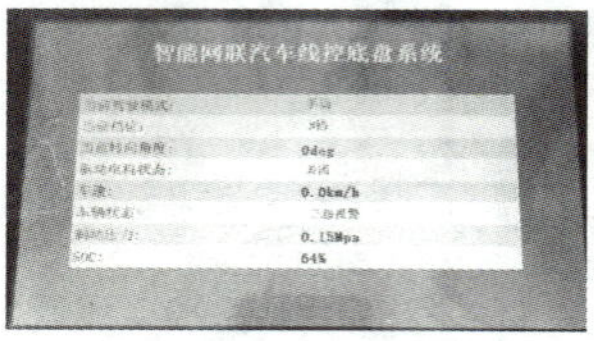</td></tr>
<tr><td rowspan="2">2</td><td>故障分析：
根据底盘线控系统测试装调实验实训台的调试软件中报文信息显示，发现线控转向系统控制器（EPS-ECU）输出报文的 CAN1 中 ID Ox18F 消失，可以判断为 EPS-ECU 通信故障</td><td>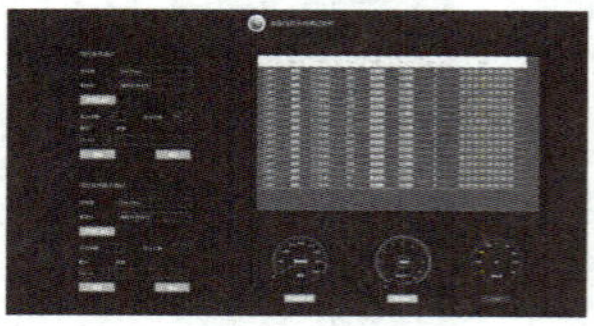</td></tr>
<tr><td>造成故障的可能原因有：
① 线控转向系统控制器（EPS-ECU）电源故障；
② 线控转向系统控制器（EPS-ECU）通信故障；
③ 线控转向系统控制器（EPS-ECU）软件错误；
④ 线控转向系统控制器（EPS-ECU）硬件故障</td><td></td></tr>
<tr><td>3</td><td>故障检测：
取下钥匙，分别拔下 EPS-ECU 信号插头和供电插头，插上钥匙并置于 ON 挡</td><td>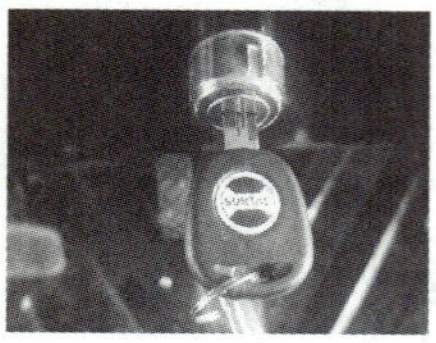</td></tr>
<tr><td>4</td><td>使用万用表电压挡，黑表笔接 EPS-ECU 供电插头搭铁 T2/2 号针脚，红表笔接 EPS-ECU 信号插头 ON 供电 T8/4 号针脚。正常测量值应为 12 V 左右</td><td>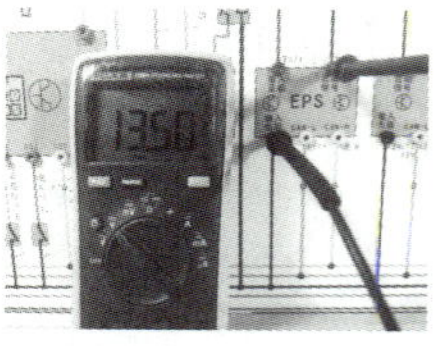</td></tr>
<tr><td>5</td><td>如以上测量结果不正常，需要接着测量供电线路和保险丝 F19</td><td></td></tr>
</table>

续表

故障检测		
步　骤	事　项	图　示
6	使用万用表电压挡，红表笔接 EPS-ECU 信号插头 CAN-H T8/8 号针脚，黑表笔接搭铁。正常测量值应为 2.55 V 左右	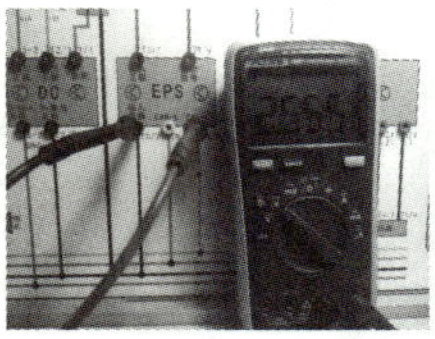
7	使用万用表电压挡，红表笔接 EPS-ECU 信号插头 CAN-L T8/3 号针脚，黑表笔接搭铁。正常测量值应为 2.46 V 左右	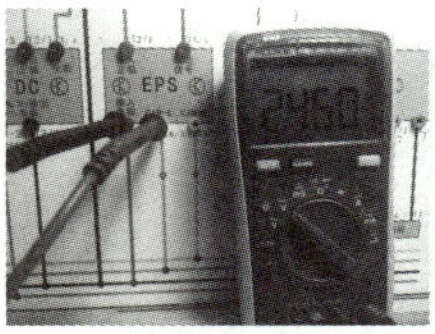
8	若测量 EPS-ECU 的 CAN 总线、供电和搭铁都无异常，则须检查是否有 EPS-ECU 对应升级；若无，则需要更换 EPS-ECU	
9	经示波器或万用表测得，EPS-ECU 信号插头 CAN-H T8/8 号线路存在短路故障，为线控转向系统控制器（EPS-ECU）CAN 通信故障	
10	故障修复： 维修或更换相同型号的线路，实训台恢复正常状态，故障排除，撤除防护	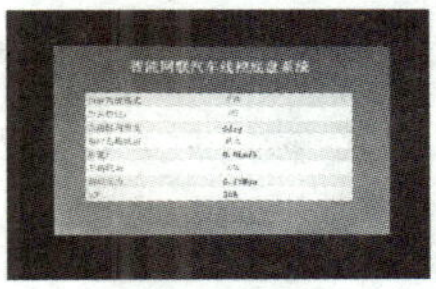

活动 3　扭矩和转角传感器检修

引导问题 9：实施扭矩和转角传感器检修，具体操作步骤如表 2.4-11 所示。

表 2.4-11　扭矩和转角传感器检修

故障检测前防护		
步　骤	事　项	图　示
1	个人防护：维修人员须戴防护手套	

续表

故障检测前防护		
步　骤	事　项	图　示
2	整车防护：车内部须铺上转向盘套、座椅套和脚垫，车外部须铺上格栅和翼子板	
故障检测		
步　骤	事　项	图　示
1	故障现象： 底盘线控系统测试装调实验实训台转向无助力，显示屏显示车身三级报警	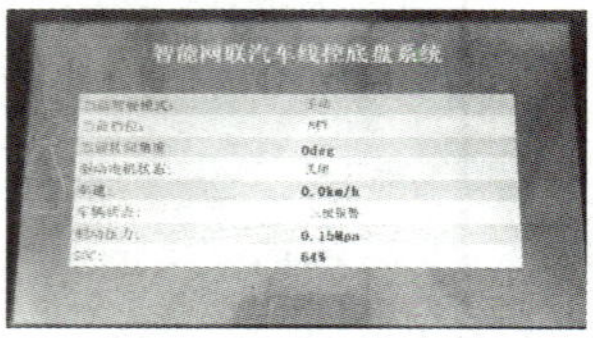
2	故障分析： 根据底盘线控系统测试装调实验实训台的调试软件中报文信息显示，发现线控转向系统控制器(EPS-ECU)输出报文的 CAN1 中 ID Ox18F 转向角度传感器部分异常，可以判断为转向角度传感器相关故障	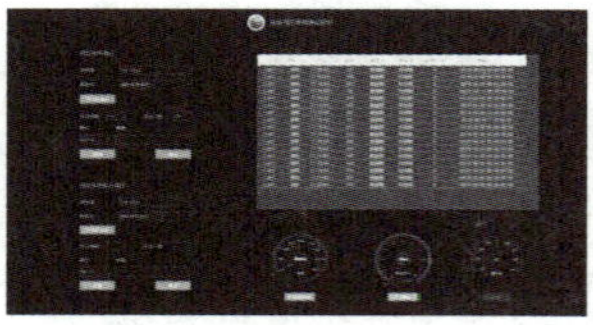
	造成故障的可能原因有： ① 转向角度传感器故障； ② 转向角度传感器线路故障； ③ 线控转向系统控制器(EPS-ECU)软件错误； ④ 线控转向系统控制器(EPS-ECU)硬件故障	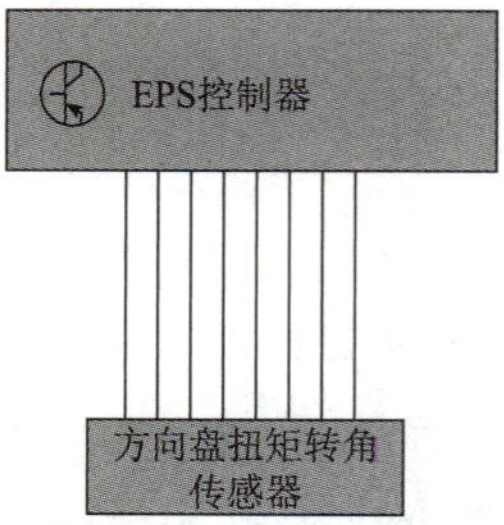
3	故障检测： 插上钥匙并置于 ON 挡	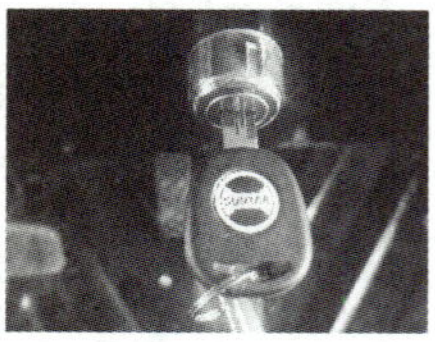
4	测量转矩转角传感器电源 1，使用万用表电压挡，测量 EPS-ECU 插头(背部)T8/1 号针脚与 T8/2 号针脚之间电压。正常为 5 V 左右	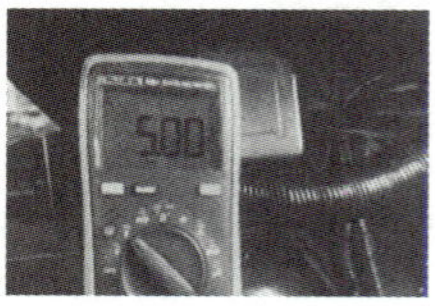

续表

故障检测		
步　骤	事　项	图　示
5	测量转矩转角传感器电源 2，使用万用表电压挡，测量 EPS-ECU 插头（背部）T8/5 号针脚与 T8/6 号针脚之间电压。正常为 5 V 左右	
6	测量转矩转角传感器转角信号 1，使用万用表电压挡，红表笔接 EPS-ECU 插头（背部）T8/3 号针脚，黑表笔接搭铁。正常测量值应在 0～5 V 之间变化	
7	测量转矩转角传感器转角信号 2，使用万用表电压挡，红表笔接 EPS-ECU 插头（背部）T8/4 号针脚，黑表笔接搭铁。正常测量值应在 0～5 V 之间变化	
8	测量转矩转角传感器转矩信号 1，使用万用表电压挡，红表笔接 EPS-ECU 插头（背部）T8/7 号针脚，黑表笔接搭铁。正常测量值应在 0～5 V 之间变化	
9	测量转矩转角传感器转矩信号 2，使用万用表电压挡，红表笔接 EPS-ECU 插头（背部）T8/8 号针脚，黑表笔接搭铁。正常测量值应在 0～5 V 之间变化	
10	若测量 EPS-ECU 和转向角度传感器电源和信号正常，则须检查是否有 EPS-ECU 对应升级；若无，则需要更换 EPS-ECU	
11	经万用表测得，EPS-ECU 传感器插头 T8/1 号针脚和 T8/2 号针脚间电压为 0 V，经检查发现 T8/1 针脚脱落	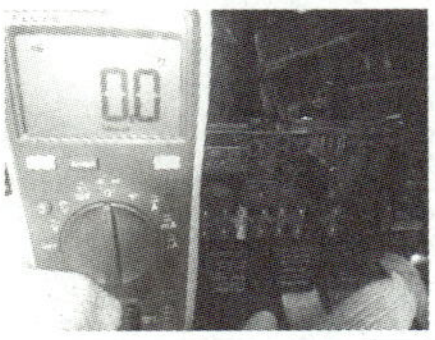
12	故障修复： 重新恢复脱落针脚，实训台恢复正常状态，故障排除，撤除防护	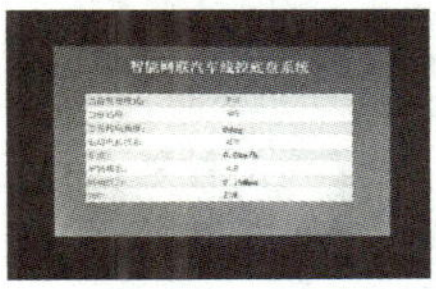

学习环节5　车辆直行跑偏故障维修过程控制

学习目标：

1. 能按照任务要求，对所制定车辆直行跑偏故障维修内容进行自检、互检；
2. 能分析作业过程存在问题的原因，并提出解决办法；
3. 能检验实施过程的正确性，优化调试与检修方法。

学习要求：

根据以下任务检查清单，小组合作进行必要的最终任务检查和8S清查，并根据任务实施过程和结果的实际情况，优化改进工作计划。

建议课时：4课时

过程控制

活动1　任务清查

引导问题1：请根据表2.5-1进行必要的任务完成情况的最终检查。

表2.5-1　任务检查清单

序　号	检查事项	检查结果
1	正确实施线控转向系统拆装	□符合　□不符合
2	正确实施线控转向系统调试	□符合　□不符合
3	独立完成线控转向电源故障检修	□符合　□不符合
4	独立完成线控转向CAN通信故障检修	□符合　□不符合
5	独立完成扭矩和转角传感器检修	□符合　□不符合

活动2　8S清查

引导问题2：请根据表2.5-2进行必要的8S检查。

表2.5-2　8S检查清单

项　目	检查事项	检查结果
整理 (Seiri)	工作区域内是否有无用、过期或损坏的设备和工具？ 是否有未标识或标识不清的物品？ 是否有无关的文件、纸张或杂物？	□是　□否
整顿 (Seiton)	工具、设备和材料是否有固定的存放位置？ 存放位置是否合理、标识明确？ 工作区域是否整洁有序？ 是否有足够的储物空间和工作表面？	□是　□否

续表

项　目	检查事项	检查结果
清扫 (Seisc)	工作区域的地面、墙壁、设备和工具是否保持清洁？ 是否有定期的清洁计划和责任人？ 是否妥善处理垃圾和废弃物？	□是　□否
清洁 (Seiketsu)	工作区域内是否保持适宜的温度、湿度和通风？ 是否有充足的照明设备？ 是否定期检查和维护设备？	□是　□否
素养 (Shitsuke)	是否遵守操作的规范和标准？ 是否确保工作的一致性和质量？	□是　□否
安全 (Safety)	是否检查安全设备的可用性？ 是否正确使用个人防护设备？	□是　□否
节约 (Savings)	是否能识别并减少浪费？ 是否提高维修工作的效率，减少不必要的等待时间？	□是　□否
学习 (Study)	是否分享经验和知识？	□是　□否

学习环节 6　任务评价与反馈

学习目标：

1. 能按分组情况，派代表展示工作成果，说明本次任务的完成情况，并做分析总结；
2. 能结合任务完成情况，正确规范地撰写工作总结（心得体会）；
3. 能对学习与工作进行反思总结，并能与他人开展良好合作，进行有效沟通。

学习要求：

对工作过程的设计和工作结果进行全面、客观的评价。

建议课时：4 课时

评价反馈

1. 各组派代表上台展示成果，并介绍任务的完成过程。
2. 其他组同学给你们提供了哪些意见或建议？请记录在下面。

____

____

____

3. 本次课的心得体会：____

____

____

____

4. 请按照表 2.6-1，小组合作完成本任务的考核评价。

表 2.6-1　任务考核评价表

评价事项	分　值	评　分
正确实施车辆线控转向系统拆装	20	
正确实施车辆线控转向系统调试	20	
对线控转向电源故障进行检修	20	
对线控转向 CAN 通信故障进行检修	20	
对扭矩和转角传感器进行检修	20	

实训报告

请按照下方的实训报告格式规范，结合自己本次的任务实践过程，完成实训报告的撰写。

一、实训名称：

二、实训基本情况

1. 实训时间：
2. 实训地点：
3. 实训目的：
4. 实训形式：

三、实训过程及内容

四、实训总结与体会

学习任务终结性评价

评价方式采用多元化评价，评价主体由学生、小组与教师构成，评价标准、分值及权重如下所示：

（1）学生进行自我评价，并将结果填入学生自评表中。

学生自评表

班级：__________　　组名：__________　　日期：______年____月____日

评价项目	评价标准	分值	得分
信息检索	能有效利用网络资源、配套资料查找有效信息	10	
知识掌握	能准确理解学习任务中讲述的知识内容	15	
技能训练	能按照技术规范，正确使用工具及设备进行任务实施	15	
感知工作	认同工作价值，在工作中能获得成就感	10	
团队素养	教师、同学之间相互尊重、理解，能平等交流	10	
职业素养	能严格遵守相关工作守则和法律法规	10	
思维状态	能发现问题、分析问题并解决问题	10	
参与状态	能发表个人见解，倾听他人意见和看法	10	
创新意识	能在工作过程中做出创新点	10	
合计		100	

（2）学生以小组为单位，对学习任务的实施过程与结果进行互评，并将结果填入小组互评表中。

小组互评表

班级：__________　　被评组名：__________　　日期：______年____月____日

评价项目	评价标准	分值	得分
团队素养	该小组成员间合作紧密，能互帮互助	15	
	该组的工作计划周密，组织有序	15	
	该组态度端正，有较强的吃苦耐劳精神	10	
工作情况	该组的工作效率突出	20	
	该组的工作成果完整且质量达标	30	
	该组严格遵守相关工作守则和法律法规	10	
合计		100	

(3)教师对学生工作过程与工作结果进行评价，并将结果填入教师评价表中。

教师评价表

班级：＿＿＿＿＿＿　　组名：＿＿＿＿＿＿　　姓名：＿＿＿＿＿＿

<table>
<tr><th>评价项目</th><th colspan="3">评价标准</th><th>分　值</th><th>得　分</th></tr>
<tr><td>考勤</td><td colspan="3">无无故迟到、早退、旷课现象</td><td>10</td><td></td></tr>
<tr><td rowspan="3">工作过程</td><td colspan="3">能正确回答引导问题并填写答案</td><td>20</td><td></td></tr>
<tr><td colspan="3">能制定详细的工作计划</td><td>10</td><td></td></tr>
<tr><td colspan="3">能遵守技术规范，实施过程顺畅、无意外</td><td>20</td><td></td></tr>
<tr><td rowspan="3">项目成果</td><td colspan="3">能按时完成任务</td><td>10</td><td></td></tr>
<tr><td colspan="3">学习态度认真、细致、严谨</td><td>10</td><td></td></tr>
<tr><td colspan="3">任务成果完整且质量达标</td><td>20</td><td></td></tr>
<tr><td colspan="4">合　计</td><td>100</td><td></td></tr>
<tr><td rowspan="2">综合评价</td><td>自我评价(20%)</td><td>小组互评(30%)</td><td>教师评价(50%)</td><td colspan="2">综合得分</td></tr>
<tr><td></td><td></td><td></td><td colspan="2"></td></tr>
</table>

学习任务 3

车辆加速异常故障维修

任务描述

【任务情景】

某智能网联汽车品牌服务中心接收到一辆故障车，故障现象为车辆加速异常，须对该车辆线控底盘系统中的线控驱动系统进行故障维修。维修人员须依据车辆维修手册、故障检测指导手册等技术标准要求，排查电池、电机、电控部件，数据采集和传输链路等，查找、确定并修复故障点，确保车辆加速功能状态良好。

【任务要求】

汽车维修工从班组长处接收维修任务，阅读维修工单，明确作业要求，确认故障现象，查阅相应车型的维修手册，明确底盘的具体检修项目和流程；在班组长的指导下，按照作业流程，规范地对底盘故障进行诊断，确认故障部位，实施相应零部件的拆卸、分解、清洗和检查；根据检查结果制定经济、合理的维修方案并实施维修。自检合格后交付班组长进行质量检验。

(1)从满足顾客对汽车底盘维修质量、经济性、维修时间等需求的角度来制定汽车检修作业流程；

(2)按底盘相关维修项目的作业流程与规范，在规定的时间内完成底盘维修任务；

(3)按企业内部检验规范进行检验；

(4)作业过程严格执行企业安全生产制度、环保管理制度以及“8S”管理规定。

【任务资料】

完成上述任务时，可以使用所有的教学资料，如工作页、信息页、使用说明书、维修手册、多媒体资料和网络在线学习资源等。

学习目标

序　号	学习环节	学　时	学习目标
1	获取线控驱动系统信息	28	了解线控驱动系统各部分组成名称
			掌握线控驱动系统的工作原理
			掌握驱动电机的工作原理
			掌握车辆加速异常故障的维修
2	制定车辆加速异常故障维修计划	4	能结合任务要求，制定车辆加速异常故障维修计划
			能根据任务要求，明确所需材料、工具及软硬件
			能根据任务要求，制定实时监控计划
3	做出车辆加速异常故障维修决策	2	能以小组为单位，讨论已制定的工作计划并做出决策
			能根据审批意见，优化车辆加速异常故障维修工作计划
			能明确故障维修流程与方法
			能与他人进行有效沟通及合作
4	实施车辆加速异常故障维修任务	29	能独立拆装线控制动系统
			能将调试数据解析成 CAN 报文，完成 EHB 调试
			能根据当前 EHB-ECU 反馈的信息，计算 EHB-ECU 向 VCU 发送的 CAN 报文
			能对线控制动系统进行故障诊断与排除
5	车辆加速异常故障维修过程控制	4	能按照任务要求，对线控驱动系统进行组装、拆卸、装配
			能分析任务实施过程存在问题的原因，并提出解决办法
			能通过维修车辆故障点，恢复车辆加速功能
6	任务评价与反馈	2	能按分组情况，派代表展示工作成果，说明本次任务的完成情况，并做分析总结
			能结合任务完成情况，正确规范地撰写工作总结（心得体会）
			能对学习与工作进行反思总结，并能与他人开展良好合作，进行有效沟通

学习路径

序　号	学习环节	学习步骤	学习活动
1	获取线控驱动系统信息	获取线控驱动系统拆装信息	线控驱动系统的结构与工作原理
			线控油门系统的结构与工作原理
			驱动电机及其控制器的结构与工作原理
			电机旋变传感器的结构与工作原理
			电机温度传感器的结构与工作原理
			线控驱动系统验收标准

续表

序号	学习环节	学习步骤	学习活动
2	获取线控驱动系统信息	获取线控驱动系统调试信息	线控驱动系统的结构与工作原理
3		获取线控驱动系统故障检修信息	线控驱动系统电路图分析
			线控驱动系统接插器针脚定义
4	制定车辆加速异常故障维修计划	制定计划	制定车辆加速异常故障维修任务实施计划
5	做出车辆加速异常故障维修决策	做出决策	小组讨论计划可行性，就最优方案做出决策
6	实施车辆加速异常故障维修任务	线控驱动系统拆装	线控驱动系统组装
			线控驱动系统拆卸
			线控驱动系统整车装配
7		线控驱动系统调试	CAN 报文采集
			CAN 报文解析
8		车辆加速异常故障维修	线控驱动系统 CAN 通信故障检修
9			整车控制器 CAN 通信故障检修
10			驱动电机温度传感器故障检修
11	车辆加速异常故障维修过程控制	过程控制	任务清查
			8S 清查
12	任务评价与反馈	评价反馈	展示任务成果
			记录意见建议
			书写心得体会
			考核计分

学习准备

工　具	设　备	资　料
拆装工具套装、橡胶锤、卡簧钳、螺钉旋具套装	底盘线控系统测试装调实验实训台	教学课件、维修资料、视频教学资料、网络教学资源

任务工单

任务名称	车辆加速异常故障维修		
任务负责人		任务接收时间	

任务下达者		要求完成时间			
工作任务说明： 依据车辆维修手册、故障检测指导手册等技术标准要求，排查电池、电机、电控部件，数据采集和传输链路等，查找、确定并修复故障点，确保车辆加速功能状态良好。					
情况记录：					
任务等级	□一般	□重要	□紧急	□非常重要	□非常紧急
完成时间	□提前完成	□按时完成	□延期完成	□未能完成	
完成质量	□优秀	□良好	□一般	□差	

项目总结

将学生按每组 4～6 人分组，明确每组的工作任务。

班　级		组　号		指导老师	
组　长		学　号			
组　员					
任务分工					
例：__________同学，主要负责______________________________工作。					

学习环节 1　获取线控驱动系统信息

学习目标:

1. 了解线控驱动系统各部分组成名称;
2. 掌握线控驱动系统的工作原理;
3. 掌握驱动电机的工作原理;
4. 掌握车辆加速异常故障的维修。

学习要求:

根据引导问题,从信息页中获取对应的信息,并在空白处填写答案。

建议课时:28 课时

步骤 1　获取线控驱动系统拆装信息

活动 1　线控驱动系统的结构与工作原理

引导问题 1:什么是线控驱动系统? 主要的组成部分有哪些?

____

____

____

引导问题 2:当车辆处于人工驾驶模式时,线控驱动系统的工作环节有哪些?

____

____

____

引导问题 3:在选择自动驾驶模式时,在计算平台接收____________的信号反馈后,判断车辆的行驶方向和速度等参数。然后通过____________将这些信息发送给 VCU(车辆控制单元)。VCU 经过计算后再通过 CAN 总线发送指令给电机控制器,控制电机的____________。最终,通过机械传动装置将动力传递给车轮,实现车辆的自动驾驶。

活动 2　线控油门系统的结构与工作原理

引导问题 4:传统油门系统中驾驶员踩下加速踏板时,踏板的位置传感器会检测到踏板的____________,并将这个信号传送给____________。

引导问题 5:智能网联汽车线控油门系统采用电子控制,可以实现对发动机或电动驱动系统的精确控制,通过调节____________的转矩和转速,可以精确控制车辆的____________,但工作原理相对____________,成本较高。

活动 3　驱动电机及其控制器的结构与工作原理

引导问题 6：如图 3.1-1 所示，永磁同步电机的结构一般由以下部分组成：①____________、②____________、③____________、④____________、⑤____________、⑥____________、⑦____________。

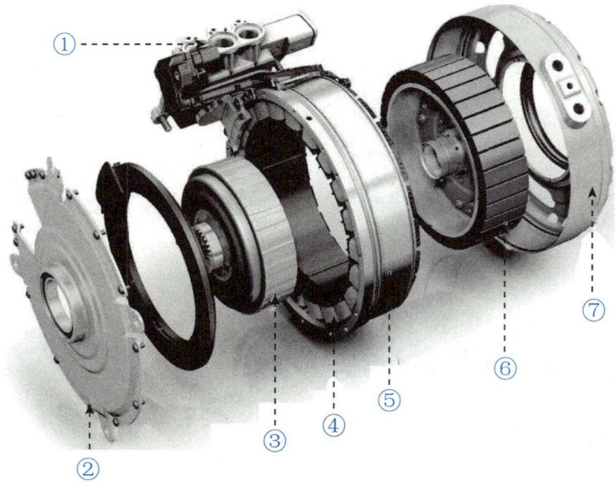

图 3.1-1　永磁同步电机结构图

引导问题 7：驱动电机控制器接收来自____________的信号，并将这些信号反馈到仪表上进行显示或者进一步的控制，当需要进行制动或者加速时，控制器通过控制变频器的____________来实现加速或减速。

引导问题 8：永磁电机的定子绕组中通入____________时，电流在定子绕组中会形成旋转磁场。这个旋转磁场的频率与电流的频率____________，根据三相电流的正弦波形式，旋转磁场也呈现出旋转的特征。

引导问题 9：驱动电机控制器的功率变换模块用于对____________进行控制。在电动汽车中，常用的功率器件包括大功率晶体管、____________、功率场效应管、____________以及智能功率模块等。这些器件可以根据控制信号调整电流的大小和方向，从而实现对电机的精确控制。

活动 4　电机旋变传感器的结构与工作原理

引导问题 10：旋转变压器通过____________的原理实现转子位置的测量。在旋转变压器中，存在一个____________和一个与转子同步旋转的信号磁环。当电动机的____________旋转时，信号磁环也会旋转，导致定子线圈中感应电压的变化。

引导问题 11：如图 3.1-2 所示，电机旋变传感器的结构一般由以下部分组成：①____________、②____________、③____________、④____________、⑤____________。

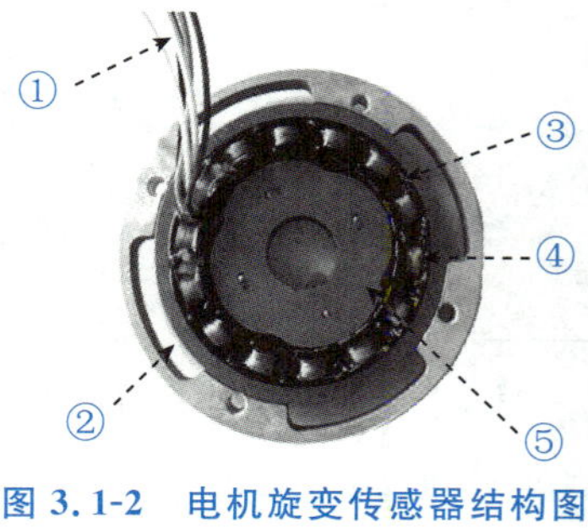

图 3.1-2　电机旋变传感器结构图

活动 5　电机温度传感器的结构与工作原理

引导问题 12:PTC 热敏电阻的工作原理是基于半导体材料的____________特性。随着温度的升高,半导体材料的电阻值____________。当这种材料制成电阻元件时,它的电阻随温度升高而____________。当该电阻元件置于电机中并随电机温度变化时,其电阻值也会相应变化。通过测量电阻值的变化,可以推断电机的温度。

活动 6　线控驱动系统验收标准

引导问题 13:概述加速度阶梯变化测试的方法。

____

____

____

步骤 2　获取线控驱动系统调试信息

活动 1　线控驱动系统的结构与工作原理

引导问题 14:VCU 向 MCU 发送的指令数据有哪些?

____

____

____

引导问题 15:CAN 总线系统的工作原理是什么?

____

____

____

步骤 3　获取线控驱动系统故障检修信息

活动 1　线控驱动系统电路图分析

引导问题 16:线控驱动系统工作过程中有哪些关键步骤?

____

____

____

活动 2　线控驱动系统接插器针脚定义

引导问题 17:线控驱动系统插接器针脚定义对于线控驱动系统的正确安装和维护非常重

要，请补全表 3.1-1 中的针脚定义。

表 3.1-1　线控驱动系统插接器针脚定义说明

名　称	针脚编号	针脚定义	针脚编号	针脚定义
旋变和抱轴端子	1	5 V	2	旋变 B 相
	3		4	负极
	5	电机抱轴＋	6	
温度端子	1	温度＋	2	温度－
高压端子	U		V	
	W	三相交流电 W 相	B＋	CAN-H
	B－	高压 60－	—	—
电机控制器 CAN 线和电源端子	1	—	2	—
	3		4	
加速踏板端子	1	—	2	—
	3		4	加速踏板信号
	5	加速踏板开关	6	ACC＋

学习环节2　制定车辆加速异常故障维修计划

学习目标：

1.能结合任务要求，制定车辆加速异常故障维修计划；

2.能根据任务要求，明确所需材料、工具及软硬件；

3.能根据任务要求，制定实时监控计划。

学习要求：

确定完成工作的途径、步骤和所需的工具材料，小组内每位成员提出自己的计划和方案，经小组讨论比较，综合每位同学的意见，确定小组的最终实施方案。

建议课时：4课时

制定计划

引导问题1：请查阅线控驱动系统拆装相关资料，根据任务要求，确定所需要的软件、硬件及工具，并制定详细的线控驱动系统拆装方案。

(1)需要的软件、硬件、工具

(2)线控驱动系统组装方案

引导问题2：请查阅线控驱动系统调试相关资料，根据任务需求，确定所需的硬件、工具，并制定详细的线控驱动系统调试计划。

(1)需要的硬件、工具

(2)线控驱动系统调试计划

引导问题 3:请查阅线控驱动系统 CAN 通信故障检修相关资料,根据任务需求,确定所需的硬件、工具,并制定详细的线控驱动系统 CAN 通信故障检修计划。

(1)需要的硬件、工具

(2)线控驱动系统 CAN 通信故障检修计划

引导问题 4:请查阅整车控制器 CAN 通信故障检修相关资料,根据任务需求,确定所需的硬件、工具,并制定详细的整车控制器 CAN 通信故障检修计划。

(1)需要的硬件、工具

(2)整车控制器 CAN 通信故障检修计划

引导问题5：请查阅驱动电机温度传感器故障检修相关资料，根据任务需求，确定所需的硬件、工具，并制定详细的驱动电机温度传感器故障检修计划。

(1)需要的硬件、工具

(2)驱动电机温度传感器故障检修计划

学习环节 3　做出车辆加速异常故障维修决策

学习目标：

1. 能以小组为单位，讨论已制定的工作计划并做出决策；
2. 能根据审批意见，优化车辆加速异常故障维修工作计划；
3. 能明确故障维修流程与方法；
4. 能与他人进行有效沟通及合作。

学习要求：

经小组讨论比较，综合每位同学的意见，确定小组的最终实施方案。

建议课时：2 课时

做出决策

引导问题：组内就实施计划进行深入探讨，确定实施重点和难点并提出解决方案。再根据表 3.3-1 所列的几个方面进行评分，选定分值最高的计划作为最终的任务实施方案。

表 3.3-1　方案评价表

评价内容	评分(1～5)	备　注
功能性		能确定并修复故障点
技术方面		易于理解和操作
可维护性		易于维护和修改
可行性		技术可行性、资源可行性
环保性		维修过程中产生的废物、排放物以及能源消耗在合理范围内
社会接受度		态度、观念和意识形态等方面的综合评估
综合得分		
结论：		

学习环节 4　实施车辆加速异常故障维修任务

学习目标：

1. 能独立拆装线控制动系统；
2. 能将调试数据解析成 CAN 报文，完成 EHB 调试；
3. 能根据当前 EHB-ECU 反馈的信息，计算 EHB-ECU 向 VCU 发送的 CAN 报文；
4. 能对线控制动系统进行故障诊断与排除。

学习要求：

根据制定的工作计划，按照下方步骤完成任务实施。

建议课时：29 课时

步骤 1　线控驱动系统拆装

活动 1　线控驱动系统组装

引导问题 1：按照表 3.4-1 所示的步骤进行线控驱动系统组装。

表 3.4-1　线控驱动系统组装

步　骤	检查事项	操作是否完成
1	将滑动拨叉安装至加速踏板总成支架上	是□　否□
2	安装加速踏板位置传感器，并安装固定螺栓，按规定力矩拧紧	是□　否□
3	将整车控制器电路板准确放入上壳体安装位置	是□　否□
4	安装下壳体，并紧固固定螺栓，按规定力矩拧紧	是□　否□
5	将 IGBT（绝缘栅双极型晶体管）电路板安装到驱动电机下壳体内	是□　否□
6	安装电机控制器输出 U/V/W 三相交流电接线柱，安装接线柱绝缘固定螺栓，并按规定力矩拧紧	是□　否□
7	安装主控制电路板的下支撑固定螺栓	是□　否□
8	安装电机主控制电路板	是□　否□
9	将电机主控制的高压接线柱连接至控制电路板上，安装绝缘固定螺栓	是□　否□
10	安装主控制电路板固定螺栓	是□　否□
11	将电机控制器低压线束穿过装配孔，并使用扳手紧固线束固定螺栓	是□　否□
12	参照电路图或生产手册将所有插接器连接至电路板上	是□　否□
13	安装电机控制器上端盖，并安装紧固所有螺栓	是□　否□

活动 2　线控驱动系统拆卸

引导问题 2：按照表 3.4-2 所示的步骤进行线控驱动系统整车拆卸。

表 3.4-2 线控驱动系统整车拆卸

步骤	检查事项	操作是否完成
1	断开蓄电池负极，然后等待 2 min	是□ 否□
2	分离洗涤器喷水电机插接器，并拆卸车窗玻璃洗涤器储液罐	是□ 否□
3	分离驱动电机控制器所有低压插接器，低压插接器线束包括 CAN 线、起动使能信号线、制动信号、电机温度信号等	是□ 否□
4	分离驱动电机控制器输入高压线束主正、主负，由于车辆配备有 DC-DC 变换器，DC-DC 变换器的高压线束同电机控制器共用，高压线束在电机控制器上外接至 DC-DC 变换器	是□ 否□
5	分离驱动电机控制器输出高压线束 U/V/W：先分离 W 相线束，再分离 V 相线束，接着分离 U 相线束	是□ 否□
6	分离驱动电机与驱动电机控制器之间的高低压线束：先分离低压插接器，后分离高压插接器	是□ 否□
7	拆卸驱动电机控制器固定螺栓，并将驱动电机控制器取下	是□ 否□
8	操作举升机举升车辆至合适位置，使用驱动电机举升设备，将其托盘升至接近驱动电机位置，拆卸驱动电机机脚的固定螺栓	是□ 否□
9	拆卸驱动电机的固定螺栓，并将驱动电机取下	是□ 否□

活动 3 线控驱动系统整车装配

引导问题 3：按照表 3.4-3 所示的步骤进行线控驱动系统整车装配。

表 3.4-3 线控驱动系统整车装配

步骤	检查事项	操作是否完成
1	安装驱动电机，使用驱动电机举升设备，将其托盘升至接近驱动电机安装位置，将驱动电机轴装入主减速器，安装固定螺栓，并按规定力矩拧紧	是□ 否□
2	安装驱动电机机脚固定螺栓，并按规定力矩拧紧	是□ 否□
3	回收驱动电机举升设备，操作举升机下降车辆至地面，将驱动电机放入安装位置，安装固定螺栓，并按规定力矩紧固	是□ 否□
4	连接驱动电机与驱动电机控制器之间的高低压线束：先连接高压插接器，然后连接低压插接器	是□ 否□
5	连接驱动电机控制器输出高压线束 U/V/W：先连接 U 相线束，再连接 V 相线束，接着连接 W 相线束，最后按规定力矩拧紧固定螺栓。注意高压线束和电机控制器上标注有对应的相位符号，禁止接错接反	是□ 否□
6	连接驱动电机控制器输入高压线束主正、主负	是□ 否□
7	连接驱动电机控制器所有低压插接器，低压插接器线束包括 CAN 线、起动使能信号线、制动信号、电机温度信号等	是□ 否□

续表

步　骤	检查事项	操作是否完成
8	将车窗玻璃洗涤器储液罐装回原车，并安装固定螺栓，连接洗涤器喷水电机，并添加洗涤液	是□　否□
9	安装蓄电池负极，并按规定力矩紧固。线控驱动系统整车安装完成，撤除车外及车内防护	是□　否□

步骤2　线控驱动系统调试

活动1　CAN报文采集

在线控驱动系统通信原理的基础上，对设置挡位、目标车速以及解析VCU反馈报文进行实训。

引导问题4：计算平台向VCU发送CAN报文计算。

计算平台向VCU发送CAN报文，须选择CAN2发送报文，帧ID选择0x110，发送周期100（单位为ms），发送次数50，波特率为默认500 kbit/s，帧类型默认为接收所有类型。

线控系统测试，设置挡位D挡，目标车速4.8 km/h，如表3.4-4所示。

表3.4-4　报文ID:0x110　数据E030000000000000

字　节	计　算	数　据
Byte0	Byte0用来设置灯光、喇叭、挡位，其中灯光和喇叭在此不设置默认为关闭状态，则bit0～bit4为00000。bit5是计算平台向VCU发出的使能信号，计算平台在向VCU发送指令时应使VCU处于使能状态，则bit5为1。bit6、bit7用来设置挡位，设置挡位为D挡，则bit6、bit7为0x03，转换成二进制为11，则bit0～bit7为11100000，最后转换成十六进制为Byte=EO	0xE0
Byte1 Byte2	Byte1、Byte2设置目标速度为4.8 km/h，先计算车速有效值，即4.8÷0.1=48，转换成两字节的十六进制数为0x0030，由于Byte1为低字节，Byte2为高字节，则Byte1为0x30，Byte2为0x00，则Byte1、Byte2为0x3000	0x3000
Byte3	Byte3为预留字节，默认Byte3为0x00	0x00
Byte4 Byte5	Byte4、Byte5用来设置转向角度，此处不设置转向角度，则Byte4、Byte5为0x0000	0x0000
Byte6	Byte6用来设置制动使能和制动压力请求，此处不设置制动压力，则Byte6为0x00	0x00
Byte7	Byte7为预留字节，默认Byte7为0x00	0x00

引导问题5：VCU向计算平台反馈的CAN报文计算。

在调试软件上反馈回来的报文如表3.4-5所示。

表 3.4-5　反馈报文

CAN 口	传输方向	时间标识	帧 ID	帧格式	帧类型	数据长度	数据 HEX
CAN2	接收	19:33:13	0x101	数据帧	标准帧	8	0D000001E803524E

活动 2　CAN 报文解析

引导问题 6：通过解析报文，分析驱动系统状态，如表 3.4-6 所示。

表 3.4-6　驱动系统状态分析

字　节	数　据	解　析
Byte0	0x0D	Byte0 用来反馈驾驶模式、挡位、车辆状态，0x0D 换算成二进制为 00001101，得出：bit0、bit1 为 01，表示驾驶模式为自动模式；bit2、bit3 为 011(0x03)，表示挡位为 D 挡；bit5、bit6 为 00，车辆状态为正常；bit7 为预留位，默认 bit7 为 0
Byte1 Byte2	0x0000	Byte1、Byte2 用来反馈当前转向角度，Byte1、Byte2 为 0x0000，表示转向角度为 0°
Byte3	0x01	Byte3 用来反馈当前驱动电机的状态，Byte3 为 0x01 时，表示驱动电机当前处于耗电状态
Byte4 Byte5	0xE803	Byte4、Byte5 用来反馈当前车速，0xE803 进行高低字节变换后，得到当前车速的十六进制值为 0x03E8，换算成十进制值为 1000，表示当前车速为 1 000×0.1 km/h=100 km/h
Byte6 Byte7	0x524E	Byte6、Byte7 用来反馈驱动电机转矩，0x524E 进行高低字节变换，得到驱动电机转矩的十六进制值为 0x4E52，换算成十进制值为 20050，数值偏移计算后为 20 050－20 000＝50，表示当前汽车正在向前行驶，且此时驱动电机的转矩为 50×0.1 N·m=5 N·m

通过以上解析，可知驱动系统状态为：汽车向前行驶，处于自动驾驶模式，车辆状态正常，驱动电机处于耗电状态，转矩 5 N·m，车速为 100 km/h，转向角度为 0°。

步骤 3　车辆加速异常故障维修

活动 1　线控驱动系统 CAN 通信故障检修

引导问题 7：根据表 3.4-7 所示步骤，完成线控驱动系统 CAN 通信故障检修。

表 3.4-7　线控驱动系统 CAN 通信故障检修

故障检测前防护		
步　骤	事　项	操作是否完成
1	个人防护：维修人员须穿戴高压防护鞋、高压防护衣和高压防护手套	是□　否□
2	实训台防护：须铺上格栅和翼子板	是□　否□

续表

故障检测		
步　骤	事　项	操作是否完成
1	故障现象： 底盘线控系统测试装调实验实训台驱动电机无法起动，显示屏显示车身三级报警	是□　否□
2	故障分析： 根据底盘线控系统测试装调实验实训台的调试软件中报文信息显示，发现线控驱动电机控制器(MCU)输出报文的 CAN 中 ID 0x310、0x311、0x312 同时消失，可以判断为 MCU 通信故障。 造成故障的可能原因有： ① 线控驱动电机控制器(MCU)电源故障； ② 线控驱动电机控制器(MCU)CAN 通信故障； ③ 线控驱动电机控制器(MCU)软件错误； ④ 线控驱动电机控制器(MCU)硬件故障	是□　否□
3	故障检测： 由于高压系统电压为 60 V 左右，电压较高无法直接测量电压，所以需要测量 MCU 高压供电 B+(60 V)及搭铁 B−(60 V)线路是否正常导通	是□　否□
	取下钥匙，拆卸低压蓄电池负极后，分别拆下 MCU 高压插头和动力电池高压插头	是□　否□
	使用万用表蜂鸣挡，测量 MCU 高压插头供电 B+和动力电池高压插头正极输出之间线束。正常为导通状态	是□　否□
	使用万用表蜂鸣挡，测量 MCU 高压插头搭铁 B−和动力电池高压插头负极输出之间线束。正常为导通状态	是□　否□
	分别安装 MCU 高压插头和动力电池高压插头	是□　否□
	安装低压蓄电池负极，插上钥匙并置于 ON 挡	是□　否□
	使用万用表电压挡，红表笔接 MCU 低压插头 CAN-H21 号针脚，黑表笔接搭铁。正常测量值应为 2.55 V 左右	是□　否□
	使用万用表电压挡，红表笔接 MCU 低压插头 CAN-L23 号针脚，黑表笔接搭铁。正常测量值应为 2.49 V 左右	是□　否□
	若测量 MCU 的 CAN 总线、供电和搭铁都无异常，则须检查是否有 MCU 对应升级。若无，则需要更换 MCU	是□　否□
	经示波器或万用表测得，MCU 低压插头 CAN-L 23 号线路存在短路故障，为线控驱动电机控制器(MCU)CAN 通信故障	是□　否□
4	故障修复： 维修或更换相同型号的线路，实训台恢复正常状态，故障排除，撤除防护	是□　否□

活动2 整车控制器CAN通信故障检修

引导问题8：根据表3.4-8所示步骤，完成整车控制器CAN通信故障检修。

表3.4-8 整车控制器CAN通信故障检修

故障检测前防护		
步骤	事项	操作是否完成
1	个人防护：维修人员须戴高压防护手套	是□ 否□
2	实训台防护：须铺上格栅和翼子板	是□ 否□
故障检测		
步骤	事项	操作是否完成
1	故障现象： 底盘线控系统测试装调实验实训台驱动电机无法起动，显示屏显示车身三级报警	是□ 否□
2	故障分析： 根据底盘线控系统测试装调实验实训台的调试软件中报文信息显示，发现CAN1中整车控制器（VCU）输出报文的ID 0x703、0x314、0x301、0x364同时消失，但发现CAN2中整车控制器（VCU）输出报文的ID 0x101、0x102、0x103仍然存在，但数据异常，可以判断为VCU的CAN1无通信。 造成故障的可能原因有： ① 整车控制器（VCU）CAN1通信故障； ② 整车控制器（VCU）软件错误； ③ 整车控制器（VCU）硬件故障	是□ 否□
3	故障检测： 取下钥匙，分别拔下VCU两个插头	是□ 否□
	插上钥匙并置于ON挡	是□ 否□
	使用万用表电压挡，红表笔接VCU插头CAN1-H91号针脚，黑表笔接搭铁。正常测量值应为2.55 V左右	是□ 否□
	使用万用表电压挡，红表笔接VCU插头CAN1-L90号针脚，黑表笔接搭铁。正常测量值应为2.48 V左右	是□ 否□
	若测量VCU的CAN1总线无异常，则须检查是否有VCU对应升级。若无，则需要更换VCU	是□ 否□
	经示波器或万用表测得，VCU插头CAN-H91号线路存在短路故障，为整车控制器（VCU）CAN通信故障	是□ 否□
4	故障修复： 维修或更换相同型号的线路，实训台恢复正常状态，故障排除，撤除防护	是□ 否□

活动 3　驱动电机温度传感器故障检修

引导问题 9：根据表 3.4-9 所示步骤，完成驱动电机温度传感器故障检修。

表 3.4-9　驱动电机温度传感器故障检修

故障检测前防护		
步　骤	事　项	操作是否完成
1	个人防护：维修人员须戴高压防护手套	是□　否□
2	实训台防护：须铺上格栅和翼子板	是□　否□
故障检测		
步　骤	事　项	操作是否完成
1	故障现象： 底盘线控系统测试装调实验实训台驱动电机无法起动	是□　否□
2	故障分析： 根据底盘线控系统测试装调实验实训台的调试软件中报文信息显示，发现线控驱动电机控制器(MCU)输出报文的 CAN1 中 ID 0x310 电机温度传感器部分异常，可以判断为电机温度传感器相关故障。 造成故障的可能原因有： ① 电机温度传感器故障； ② 电机温度传感器线路故障； ③ 线控驱动电机控制器(MCU)软件错误； ④ 线控驱动电机控制器(MCU)硬件故障	是□　否□
3	故障检测： 取下钥匙，拔下电机温度传感器插头。插上钥匙并置于 ON 挡	是□　否□
	使用万用表电压挡，测量电机温度传感器信号电压，两个表笔分别接 MCU 温度端子(背部)。常温状态下，测量值应为 2.1 V 左右	是□　否□
	将起动钥匙置于 OFF 挡	是□　否□
	使用万用表蜂鸣挡，测量电机温度传感器电阻。常温状态下，正常测量值应为 21 kΩ	是□　否□
	若测量 MCU 和电机温度传感器之间线束正常，电机温度传感器正常，则须检查是否有 MCU 对应升级。若无，则需要更换 MCU	是□　否□
	经万用表测得，电机温度传感器电阻无穷大，为电机温度传感器故障	是□　否□
4	故障修复： 更换驱动电机，实训台恢复正常状态，故障排除，撤除防护。	是□　否□

学习环节 5　车辆加速异常故障维修过程控制

学习目标：

1. 能按照任务要求，对线控驱动系统进行组装、拆卸、装配；
2. 能分析任务实施过程存在问题的原因，并提出解决办法；
3. 能通过维修车辆故障点，恢复车辆加速功能。

学习要求：

根据以下任务检查清单，小组合作进行必要的最终任务检查和8S清查，并根据任务实施过程和结果的实际情况，优化改进工作计划。

建议课时：4 课时

过程控制

活动 1　任务清查

引导问题 1：参照线控驱动系统生产装配任务实施操作步骤，进行技能训练，并将实施结果填入表 3.5-1 中。

表 3.5-1　任务检查清单

组装实施结果	
组装下列部件	是否完成
滑动拨叉	是□　否□
加速踏板位置传感器	是□　否□
整车控制器电路板	是□　否□
IGBT 电路板	是□　否□
U/V/W 输出接线柱	是□　否□
主控制电路板	是□　否□
控制器端盖	是□　否□
拆卸实施结果	
拆卸下列部件	是否完成
蓄电池	是□　否□
洗涤器储液罐及喷水电机	是□　否□
驱动电机控制器的输入高压线束	是□　否□
驱动电机控制器的输出高压线束	是□　否□
驱动电机控制器固定螺栓	是□　否□
驱动电机控制器	是□　否□

续表

拆卸实施结果	
拆卸下列部件	是否完成
驱动电机固定螺栓	是□　否□
驱动电机	是□　否□
安装实施结果	
安装下列部件	是否完成
驱动电机	是□　否□
驱动电机固定螺栓	是□　否□
驱动电机控制器	是□　否□
驱动电机控制器固定螺栓	是□　否□
驱动电机控制器的输出高压线束	是□　否□
驱动电机控制器的输入高压线束	是□　否□
洗涤器储液罐及喷水电机	是□　否□
蓄电池	是□　否□

引导问题 2:参照线控驱动系统调试任务实施操作步骤,进行技能训练,并将实施结果填写在下表中。

(1)请在实验实训台调试软件中发送表 3.5-2 中报文,并将线控驱动系统的实施结果填入表 3.5-2 中。

表 3.5-2　线控驱动系统任务实施结果

发送报文　ID:0x110　数据:E0 30 00 0000000000		
实施结果		
	挡位	□P 挡　□倒挡 R □N 挡　□D 挡
	目标车速	km/h

(2)在表 3.5-3 空缺位置填写完整报文数据。

表 3.5-3　报文数据分析

发送	接收	要求	ID	填写完整报文数据
计算平台	VCU	设置挡位 D 挡,目标车速 50 km/h	0x110	
计算平台	VCU	设置挡位 D 挡,目标车速 50 km/h	0x110	

发　送	接　收	要　求	报文数据	分析报文含义
VCU	计算平台	0x101	0100012003844E	
VCU	计算平台	0x101	010001F4015C4E	

引导问题 3：请参照线控驱动系统 CAN 通信故障检修任务实施操作步骤，进行技能训练，并将实施结果填写在表 3.5-4 中。

表 3.5-4　线控驱动系统 CAN 通信故障检测

诊断检测	测量数值	标准数值
万用表测量 MCU 高压插头供电 B+和动力电池高压插头正极输出之间线束导通状态		<1 Ω 或有蜂鸣
万用表测量 MCU 高压插头搭铁 B+和动力电池高压插头负极输出之间线束导通状态		<1 Ω 或有蜂鸣
万用表测量 MCU 低压插头 CAN-H21 号针脚与搭铁之间电压		2.6 V 左右
万用表测量 MCU 低压插头 CAN-H23 号针脚与搭铁之间电压		2.4 V 左右

引导问题 4：请参照整车控制器 CAN 通信故障检修任务实施操作步骤，进行技能训练，并将实施结果填写在表 3.5-5 中。

表 3.5-5　整车控制器 CAN 通信故障检测

诊断检测	测量数值	标准数值
万用表测量 VCU 低压插头 CAN1-H91 号针脚与搭铁之间电压		2.6 V 左右
万用表测量 VCU 低压插头 CAN1-L90 号针脚与搭铁之间电压		2.4 V 左右

引导问题 5：请参照线控驱动电机温度传感器故障检修任务实施操作步骤，进行技能训练，并将实施结果填写在表 3.5-6 中。

表 3.5-6　线控驱动电机温度传感器故障检测

诊断检测	测量数值	标准数值
测量电机温度传感器信号电压，两个表笔分别接 MCU 温度端子（背部）		2.1 V 左右
测量电机温度传感器电阻		21 kΩ 左右

活动 2　8S 清查

引导问题 6：请根据表 3.5-7 进行必要的 8S 检查。

表 3.5-7　8S 检查清单

项　目	检查事项	检查结果
整理 (Seiri)	工作区域内是否有无用、过期或损坏的设备和工具？ 是否有未标识或标识不清的物品？ 是否有无关的文件、纸张或杂物？	□是　　□否
整顿 (Seiton)	工具、设备和材料是否有固定的存放位置？ 存放位置是否合理、标识明确？ 工作区域是否整洁有序？ 是否有足够的储物空间和工作表面？	□是　　□否

续表

项　目	检查事项	检查结果
清扫 (Seiso)	工作区域的地面、墙壁、设备和工具是否保持清洁？ 是否有定期的清洁计划和责任人？ 是否妥善处理垃圾和废弃物？	□是　　□否
清洁 (Seiketsu)	工作区域内是否保持适宜的温度、湿度和通风？ 是否有充足的照明设备？ 是否定期检查和维护设备？	□是　　□否
素养 (Shitsuke)	是否遵守操作的规范和标准？ 是否确保工作的一致性和质量？	□是　　□否
安全 (Safety)	是否检查安全设备的可用性？ 是否正确使用个人防护设备？	□是　　□否
节约 (Savings)	是否能识别并减少浪费？ 是否提高维修工作的效率，减少不必要的等待时间？	□是　　□否
学习 (Study)	是否分享经验和知识？	□是　　□否

学习环节6 任务评价与反馈

学习目标：

1. 能按分组情况，派代表展示工作成果，说明本次任务的完成情况，并做分析总结；
2. 能结合任务完成情况，正确规范地撰写工作总结（心得体会）；
3. 能对学习与工作进行反思总结，并能与他人开展良好合作，进行有效沟通。

学习要求：

对工作过程的设计和工作结果进行全面、客观的评价。

建议课时：2课时

评价反馈

1. 各组派代表上台展示成果，并介绍任务的完成过程。
2. 其他组同学给你们提供了哪些意见或建议？请记录在下面。

____

____

____

3. 本次课的心得体会：______________________________

____

____

____

4. 请按照表3.6-1，小组合作完成本任务的考核评价。

表3.6-1 任务考核评价表

评价事项	分 值	评 分
能够完成线控驱动系统的拆装	30	
能够完成线控驱动系统的调试	10	
能够完成线控驱动系统CAN通信故障检修	20	
能够完成整车控制器CAN通信故障检修	20	
能够完成驱动电机温度传感器故障检修	20	

实训报告

请按照下方的实训报告格式规范，结合自己本次的任务实践过程，完成实训报告的撰写。

一、实训名称：

二、实训基本情况

1. 实训时间：
2. 实训地点：
3. 实训目的：
4. 实训形式：

三、实训过程及内容

四、实训总结与体会

学习任务终结性评价

评价方式采用多元化评价，评价主体由学生、小组与教师构成，评价标准、分值及权重如下所示：

(1)学生进行自我评价，并将结果填入学生自评表中。

学生自评表

班级：________ 组名：________ 日期：______年____月____日

评价项目	评价标准	分值	得分
信息检索	能有效利用网络资源、配套资料查找有效信息	10	
知识掌握	能准确理解学习任务中讲述的知识内容	15	
技能训练	能按照技术规范，正确使用工具及设备进行任务实施	15	
感知工作	认同工作价值，在工作中能获得成就感	10	
团队素养	教师、同学之间相互尊重、理解，能平等交流	10	
职业素养	能严格遵守相关工作守则和法律法规	10	
思维状态	能发现问题、分析问题并解决问题	10	
参与状态	能发表个人见解，倾听他人意见和看法	10	
创新意识	能在工作过程中做出创新点	10	
合计		100	

(2)学生以小组为单位，对学习任务的实施过程与结果进行互评，并将结果填入小组互评表中。

小组互评表

班级：________ 被评组名：________ 日期：______年____月____日

评价项目	评价标准	分值	得分
团队素养	该组小组成员间合作紧密，能互帮互助	15	
	该组的工作计划周密，组织有序	15	
	该组态度端正，有较强的吃苦耐劳精神	10	
工作情况	该组的工作效率突出	20	
	该组的工作成果完整且质量达标	30	
	该组严格遵守相关工作守则和法律法规	10	
合计		100	

(3)教师对学生工作过程与工作结果进行评价，并将结果填入教师评价表中。

教师评价表

班级：____________　　　　组名：____________　　　　姓名：____________

<table>
<tr><th>评价项目</th><th colspan="3">评价标准</th><th>分　值</th><th>得　分</th></tr>
<tr><td>考勤</td><td colspan="3">无无故迟到、早退、旷课现象</td><td>10</td><td></td></tr>
<tr><td rowspan="3">工作过程</td><td colspan="3">能正确回答引导问题并填写答案</td><td>20</td><td></td></tr>
<tr><td colspan="3">能制定详细的工作计划</td><td>10</td><td></td></tr>
<tr><td colspan="3">能遵守技术规范，实施过程顺畅、无意外</td><td>20</td><td></td></tr>
<tr><td rowspan="3">项目成果</td><td colspan="3">能按时完成任务</td><td>10</td><td></td></tr>
<tr><td colspan="3">学习态度认真、细致、严谨</td><td>10</td><td></td></tr>
<tr><td colspan="3">任务成果完整且质量达标</td><td>20</td><td></td></tr>
<tr><td colspan="4">合　计</td><td>100</td><td></td></tr>
<tr><td rowspan="2">综合评价</td><td>自我评价(20%)</td><td>小组互评(30%)</td><td>教师评价(50%)</td><td colspan="2">综合得分</td></tr>
<tr><td></td><td></td><td></td><td colspan="2"></td></tr>
</table>

学习任务4

车辆制动拖滞故障维修

任务描述

【任务情景】

某智能网联汽车品牌服务中心接收到一辆故障车，故障现象为车辆制动拖滞，须对该车辆线控底盘系统中的线控制动系统进行故障维修。维修人员需要依据车辆维修手册等技术标准要求，排查制动踏板、制动器部件，数据采集和传输链路等，查找、确定并修复故障点，确保车辆制动功能状态良好。

【任务要求】

汽车维修工从班组长处接收维修任务，阅读维修工单，明确作业要求，确认故障现象，查阅相应车型的维修手册，明确底盘的具体检修项目和流程；在班组长的指导下，按照作业流程，规范地对底盘故障进行诊断，确认故障部位，实施相应零部件的拆卸、分解、清洗和检查；根据检查结果制定经济、合理的维修方案并实施维修。自检合格后交付班组长进行质量检验。

(1)从满足顾客对汽车底盘维修质量、经济性、维修时间等需求的角度来制定汽车检修作业流程；

(2)按底盘相关维修项目的作业流程与规范，在规定的时间内完成底盘维修任务；

(3)按企业内部检验规范进行检验；

(4)作业过程严格执行企业安全生产制度、环保管理制度以及“8S”管理规定。

【任务资料】

完成上述任务时，可以使用所有的教学资料，如工作页、信息页、使用说明书、维修手册、多媒体资料和网络在线学习资源等。

学习目标

序号	学习环节	学时	学习目标
1	获取线控制动系统信息	19	了解线控制动系统的功能
			掌握线控制动系统的结构与工作原理
			掌握制动系统的通信原理
			了解制动系统的电路图
			掌握车辆制动拖滞故障的维修
2	制定车辆制动拖滞故障维修计划	4	能结合任务要求，制定车辆制动拖滞故障维修计划
			能根据任务要求，明确所需材料、工具及软硬件
			能根据任务要求，制定实时监控计划
3	做出车辆制动拖滞故障维修决策	2	能以小组为单位，讨论已制定的工作计划并做出决策
			能根据审批意见，优化车辆制动拖滞故障维修工作计划
			能明确故障维修流程与方法
			能与他人进行有效沟通及合作
4	实施车辆制动拖滞故障维修任务	19	能独立拆装线控制动系统
			能正确调试线控制动系统
			能准确检测线控制动系统出现的故障
			能对线控制动系统进行故障诊断与排除
5	车辆制动拖滞故障维修过程控制	4	能按照任务要求，对线控制动系统进行组装、拆卸、装配
			能分析任务实施过程存在问题的原因，并提出解决办法
			能通过维修车辆故障点，恢复车辆制动功能
6	任务评价与反馈	2	能按分组情况，派代表展示工作成果，说明本次任务的完成情况，并做分析总结
			能结合任务完成情况，正确规范地撰写工作总结(心得体会)
			能对学习与工作进行反思总结，并能与他人开展良好合作，进行有效沟通

学习路径

序号	学习环节	学习步骤	学习活动
1	获取线控制动系统信息	认识线控制动系统基本信息	线控制动系统功能和分类
			线控制动系统结构及工作原理
			线控制动系统特点
			制动压力传感器检测
			踏板位置传感器结构及工作原理

续表

序　号	学习环节	学习步骤	学习活动
2	获取线控制动系统信息	认识线控制动系统基本信息	线控驱动系统验收标准
			线控制动系统通信原理
			线控制动系统部件接插器针脚定义
3	制定车辆制动拖滞故障维修计划	制定计划	制定车辆制动拖滞故障维修任务实施计划
4	做出车辆制动拖滞故障维修决策	做出决策	小组讨论计划可行性，就最优方案做出决策
5	实施车辆制动拖滞故障维修任务	线控制动系统拆装	线控制动系统组装
			线控制动系统拆装
6		线控制动系统调试	CAN 报文采集
			CAN 报文解析
7		车辆制动拖滞故障维修	线控制动电源故障检修
			线控制动 CAN 通信故障检修
			制动压力传感器检修
			制动踏板位置传感器检修
8	车辆制动拖滞故障维修过程控制	过程控制	任务清单
			8S 清查
9	任务评价与反馈	评价反馈	展示任务成果
			记录意见建议
			书写心得体会
			考核计分

学习准备

工　具	设　备	资　料
常用拆装工具套装、橡胶锤、卡簧钳、螺钉旋具套装	底盘线控系统测试装调实验实训台	教学课件、维修资料、视频教学资料、网络教学资源

任务工单

任务名称	车辆加速异常故障维修		
任务负责人		任务接收时间	

任务下达者		要求完成时间			
工作任务说明： 依据车辆维修手册、故障检测指导手册等技术标准要求，排查电池、电机、电控部件，数据采集和传输链路等，查找、确定并修复故障点，确保车辆加速功能状态良好。					
情况记录：					
任务等级	□一般	□重要	□紧急	□非常重要	□非常紧急
完成时间	□提前完成	□按时完成	□延期完成	□未能完成	
完成质量	□优秀	□良好	□一般	□差	

项目总结

将学生按每组 4～6 人分组，明确每组的工作任务。

班　级		组　号		指导老师	
组　长		学　号			
组　员					
任务分工					
例：__________同学，主要负责______________________________工作。					

学习环节 1　获取线控制动系统信息

学习目标：

1. 了解线控制动系统的功能；
2. 掌握线控制动系统的结构与工作原理；
3. 掌握制动系统的通信原理；
4. 了解制动系统的电路图；
5. 掌握车辆制动拖滞故障的维修。

学习要求：

根据引导问题，从信息页中获取对应的信息，并在空白处填写答案。

建议课时：19 课时

步骤 1　认识线控制动系统基本信息

活动 1　线控制动系统功能和分类

引导问题 1：什么是线控制动系统？线控制动系统的功能是什么？

____

____

引导问题 2：线控制动系统有哪些？

____

____

活动 2　线控制动系统结构及工作原理

引导问题 3：如图 4.1-1 所示，博世公司的 iBooster 系统主要由①__________、②__________、③__________、④__________、⑤__________等组件构成。

图 4.1-1　博世公司的 iBooster 系统结构图

引导问题 4:机械式线控制动系统与液压式线控制动系统的区别是什么?

引导问题 5:请简述 EMB 系统的工作原理。

活动 3　线控制动系统特点

引导问题 6:线控制动系统常见的功能特点有哪些?

活动 4　制动压力传感器检测

引导问题 7:请简述制动压力传感器的工作原理。

活动 5　踏板位置传感器结构及工作原理

引导问题 8:加速踏板位置传感器主要分为接触式和非接触式两种类型,接触式加速踏板位置传感器通常使用__________的移动滑片,通过接触电路的方式来检测__________的变化。非接触式加速踏板位置传感器则采用基于__________的技术,通过无接触的方式来检测踏板位置的变化。

活动 6　线控制动系统验收标准

引导问题 9:制动释放时间测试是什么?测试的目的是什么?

步骤 2　获取线控制动系统故障检修信息

活动 1　线控制动系统通信原理

引导问题 10：VCU 和 EHB-ECU 之间的通信速率被设定为 500 kbit/s，每秒可以传输__________个二进制位的数据。此外，为了确保数据的准确性和可靠性，通信所用的信息编码和解码采用了 Motorola 格式，通信报文则采用__________的格式，其中包括起始位、__________、数据内容以及校验位等。

活动 2　线控制动系统部件接插器针脚定义

引导问题 11：在 EHB 制动系统的工作中，启动车辆，__________开始工作，通过接收来自__________、路测设备、__________等的制动请求，能够即刻计算所需的制动力，并采取相应的制动措施。

引导问题 12：线控制动系统主要通过 EHB-ECU 插接器来实现，EHB-ECU 插接器上有 24 个针脚，请补全表 4.1-1 中针脚定义。

表 4.1-1　EHB-ECU 插接器针脚定义说明

名　称	针脚编号	针脚定义	针脚编号	针脚定义
ECU	1	—	13	—
	2	—	14	
	3		15	—
	4		16	
	5		17	
	6		18	—
	7	—	19	
	8		20	—
	9	—	21	
	10	—	22	
	11	—	23	—
	12	—	24	

学习环节 2　制定车辆制动拖滞故障维修计划

学习目标：

1. 能结合任务要求，制定车辆制动拖滞故障维修计划；
2. 能根据任务要求，明确所需材料、工具及软硬件；
3. 能根据任务要求，制定实时监控计划。

学习要求：

确定完成工作的途径、步骤和所需的工具材料，小组内每位成员提出自己的计划和方案，经小组讨论比较，综合每位同学的意见，确定小组的最终实施方案。

建议课时：4 课时

制定计划

引导问题 1：请查阅线控制动系统拆装相关资料，根据任务要求，确定所需要的软件、硬件及工具，并制定详细的线控制动系统拆装方案。

（1）需要的软件、硬件、工具

（2）线控制动系统拆装方案

引导问题 2：请查阅线控制动系统调试相关资料，根据任务需求，确定所需的硬件、工具，并制定详细的线控制动系统调试方案。

（1）需要的硬件、工具

(2)线控制动系统调试方案

引导问题 3:请查阅线控制动电源故障检修相关资料,根据任务需求,确定所需的硬件、工具,并制定详细的线控制动电源故障检修方案。

(1)需要的硬件、工具

(2)线控制动电源故障检修方案

引导问题 4:请查阅线控制动 CAN 通信故障检修相关资料,根据任务需求,确定所需的硬件、工具,并制定详细的线控制动 CAN 通信故障检修方案。

(1)需要的硬件、工具

(2)线控制动 CAN 通信故障检修方案

引导问题 5:请查阅制动压力传感器检修相关资料,根据任务需求,确定所需的硬件、工具,并制定详细的制动压力传感器检修方案。

(1)需要的硬件、工具

(2)制动压力传感器检修方案

引导问题 6:请查阅制动踏板位置传感器检修相关资料,根据任务需求,确定所需的硬件、工具,并制定详细的制动踏板位置传感器检修方案。

(1)需要的硬件、工具

(2)制动踏板位置传感器检修方案

学习环节3　做出车辆制动拖滞故障维修决策

学习目标：

1. 能以小组为单位，讨论已制定的工作计划并做出决策；
2. 能根据审批意见，优化车辆制动拖滞故障维修工作计划；
3. 能明确故障维修流程与方法；
4. 能与他人进行有效沟通及合作。

学习要求：

经小组讨论比较，综合每位同学的意见，确定小组的最终实施方案。

建议课时：2课时

做出决策

引导问题：组内就实施计划进行深入探讨，确定实施重点和难点并提出解决方案。再根据表4.3-1所列的几个方面进行评分，选定分值最高的计划作为最终的任务实施方案。

表4.3-1　方案评价表

评价内容	评分(1～5)	备　注
功能性		能确定并修复故障点
技术方面		易于理解和操作
可维护性		易于维护和修改
可行性		技术可行性、资源可行性
环保性		维修过程中产生的废物、排放物以及能源消耗在合理范围内
社会接受度		态度、观念和意识形态等方面的综合评估
综合得分		
结论：		

学习环节4 实施车辆制动拖滞故障维修任务

学习目标：

1. 能独立拆装线控制动系统；
2. 能正确调试线控制动系统；
3. 能准确检测线控制动系统出现的故障；
4. 能对线控制动系统进行故障诊断与排除。

学习要求：

根据制定的工作计划，按照下方步骤完成任务实施。

建议课时：19课时

步骤1 线控制动系统拆装

活动1 线控制动系统组装

引导问题1：按照表4.4-1所示的步骤进行线控制动系统组装。

表4.4-1 线控制动系统组装

步骤	检查事项
1	将制动电机控制器电路板装入电机壳体上的安装位置，紧固固定螺栓，按规定力矩拧紧
2	将制动电机三个端子线圈连接至电机控制器电路板
3	安装制动电机控制器外罩壳体
4	安装制动助力器阀体，阀体带直齿蜗杆。注意：一定要将助力器阀体推至最底部，以便同制动旋变编码器制动轴安装孔对齐(旋变编码器是检测踏板行程和转速的传感器)
5	将制动推杆与制动旋变编码器的制动蜗杆总成装入线控制动壳体内，再安装复位弹簧和弹簧锁片螺栓。注意：弹簧锁片螺栓有安装方向，应使凸台朝向复位弹簧，以起到固定弹簧位置的作用
6	安装弹簧防尘套及与踏板连接的锁扣
7	将制动旋变编码器的蜗轮轴放入装配孔中，并用橡胶锤及冲子配合装入到位
8	使用卡簧钳安装制动旋变编码器的固定卡簧
9	将制动助力器阀体移动的蜗轮轴装入装配孔中，同样用橡胶锤及冲子配合装入到位
10	安装制动旋变编码器法兰，紧固固定螺栓
11	安装制动旋变编码器，紧固固定螺栓，并安装外罩壳，紧固壳体螺栓
12	将线控制动总成固定法兰装入安装位置，并紧固固定螺栓
13	将制动主缸、受压阀体、调整垫片装入安装壳体上，并安装紧固螺栓，按规定力矩拧紧

活动 2　线控制动系统拆装

引导问题 2：按照表 4.4-2 所示的步骤进行线控制动系统拆装。

表 4.4-2　线控制动系统拆装

拆装前防护	
步　骤	事　项
1	个人防护：维修人员须戴防护手套
2	整车防护：车内部须铺上转向盘套、座椅套和脚垫，车外部须铺上格栅和翼子板
线控制动系统整车拆卸	
步　骤	事　项
1	利用轮胎与地面的附着力，按对角线分别松开四轮轮胎固定螺栓
2	操作举升机，将车辆举升到彻底离开地面的位置，按对角线分别拆卸四轮轮胎螺栓，并将轮胎取下
3	拆卸制动轮缸油管固定螺栓，再取下密封圈
4	拆卸制动钳及活塞总成固定螺栓，并将总成取下，然后取下制动摩擦片
5	拆卸制动钳支架固定螺栓，并将制动钳支架取下。其他三个制动钳支架、制动摩擦片、制动钳及活塞总成和制动轮缸油管拆卸可参照第 3～5 步
6	分离线控制动器总成主插接器，然后分离制动旋变编码器插接器
7	用扳手松开制动管路螺母
8	拆卸线控制动器总成需要两人配合完成操作，一人在车外扶住线控制动器总成，另一人在车内分离制动灯开关插接器，然后拆卸制动踏板总成与线控制动器总成的固定螺母及锁销
9	驾驶室内制动踏板总成取下后，另一个人将线控制动器总成从前机舱内取出
线控制动系统整车装配	
步　骤	事　项
1	将线控制动器总成放入安装位置，前机舱内的线控制动器总成和驾驶室内制动踏板总成利用夹在两者中间的防火墙进行固定，其固定螺母共 4 颗
2	安装线控制动器总成需要两人配合完成操作，一人在车外固定线控制动器总成，另一人在车内安装制动踏板总成与线控制动器总成的固定螺母及锁销，按规定力矩拧紧，并连接制动灯开关插接器
3	安装制动管路固定螺母，并按规定力矩拧紧
4	连接制动旋变编码器插接器，然后连接线控制动器总成主插接器
5	将制动钳支架放至转向节上，安装固定螺栓，并按规定力矩拧紧
6	安装制动摩擦片，然后安装制动钳、活塞总成及其固定螺栓，并按规定力矩拧紧
7	安装制动轮缸油管、密封圈及固定螺栓，按规定力矩拧紧。其他三个制动钳支架、制动摩擦片、制动钳及活塞总成和制动轮缸油管安装可参照第 5～7 步
8	添加制动液，并对制动系统进行排气操作。排气按照由远及近原则，右后、左后、右前、左前的顺序进行

续表

线控制动系统整车装配	
步骤	事项
9	采用一人连续踩制动踏板,最后一下踩下踏板不松开,然后车外一人将制动轮缸上的排气孔螺栓松开,排出带有空气的制动液。以上过程连续操作3～5次,制动系统排气便完成
10	安装四轮轮胎,先用手带上轮胎螺栓,然后按对角线用轮胎拆装工具进行预紧
11	操作举升机,降下车辆至地面

步骤2 线控制动系统调试

活动1 CAN报文采集

在线控制动系统通信原理的基础上,对设置制动压力行程点、解析EHB反馈报文进行实训。

(1)VCU向EHB-ECU发送CAN报文计算

引导问题3:VCU向EHB-ECU发送CAN报文,需选择CAN1发送报文,帧ID选择0x364,发送周期200(单位为ms),发送次数20,波特率默认为500 kbit/s,帧类型选择默认的"接收所有类型"。

引导问题4:线控系统测试时,设置驾驶模式为自动驾驶,请求制动压力行程点为120,如表4.4-3所示。

表4.4-3 线控系统测试

字节	计算	数据
Byte0	Byte0用来设置外部制动压力请求:将十进制数值120换算成十六进制数为78	0x78
Byte1	Byte1用来设置制动使能和EHB工作模式请求:如使制动正常工作须先制动使能,则bit0为1;EHB工作模式请求设置为Run,则bit4～bit7为7,转换成二进制bit4～bit7为0111;其余位为预留位,默认为0,则Byte1等于11100001,换算成十六进制为0xE1	0xE1
Byte2	Byte2为预留字节,默认Byte2为0x00	0x00
Byte3	Byte3用来设置驾驶模式、VCU工作状态信号、钥匙使能信号:驾驶模式为自动,则bit2为1;VCU工作状态信号为可靠,则bit4、bit5为2,转换成二进制bit4、bit5为10;钥匙使能信号为crank(起动),则bit6、bit7为3,转换成二进制bit6、bit7为11;其余位为预留位,默认为0,则Byte3等于11010100,换算成十六进制为0xD4	0xD4
Byte4	Byte4为预留字节,默认Byte4为0x00	0x00
Byte5	Byte5为预留字节,默认Byte5为0x00	0x00
Byte6	Byte6为预留字节,默认Byte6为0x00	0x00
Byte7	生命信号从0x00开始发送	0x00

(2)EHB-ECU 向 VCU 反馈的 CAN 报文计算

引导问题 5:在调试软件上反馈回来的报文如表 4.4-4 所示。

表 4.4-4　反馈报文

CAN 口	传输方向	时间标识	帧 ID	帧格式	帧类型	数据长度	数据 HEX
CAN2	接收	19:33:13	0x289	数据帧	标准帧	8	5834000400000000

活动 2　CAN 报文解析

引导问题 6:通过解析报文,分析制动系统状态,如表 4.4-5 所示:

表 4.4-5　报文解析

字节	数据	解析
Byte0	0x78	Byte0 用来反馈制动踏板开合度,0x58 转换成十进制数为 88,代表制动踏板制动开合度为 88%
Byte1	0xE1	Byte1 用来反馈制动灯信号、EHB-ECU 工作状态等,0x34 换算成二进制数为 00110100。解析其所代表的含义:bit0、bit1 为 00,为预留位;bit2 为 1,代表制动灯信号有效;bit3 为 0,为预留位;bit4～bit6 为 110,转换成十进制为 6,代表 EHB-ECU 工作状态为 Run(运行);bit7 为 0,为预留位
Byte2	0x00	预留字节
Byte3	0x04	Byte3 用来反馈外部制动请求响应状态、仪表警告灯状态、制动踏板是否被踩下、制动踏板被踩下是否有效,将 0x04 转换成二进制数为 00000100,解析其所代表的含义:bit0、bit1 为 00,为预留位;bit2 为 1,代表外部制动请求响应状态为 CAN 信号;bit3、bit4 为 00,为预留位;bit5 为 0,代表仪表警告灯闲置;bit6 为 0,bit7 为 0,代表制动踏板闲置
Byte4	0x00	Byte4 用来反馈故障码 1,代码 0x00 表示无故障
Byte5	0x00	Byte5 用来反馈故障码 2,代码 0x00 表示无故障
Byte6	0x00	预留字节
Byte7	0x00	生命信号从 0x00 开始发送

通过以上解析,可知制定系统状态为:通过 CAN 信号进行制动请求,仪表警告灯闲置,制动踏板闲置,制动踏板制动行程为 88%,制动灯信号有效,ECU 处于 Run 状态,无任何故障,节点 EHB-ECU 发送的 CAN 报文是可靠的,且生命信号从 0x00 开始发送。

步骤 3　车辆制动拖滞故障维修

活动 1　线控制动电源故障检修

引导问题 7:按照表 4.4-6 所示的步骤进行线控制动电源故障检修。

表 4.4-6　线控制动电源故障检修

故障检测前防护	
步　骤	事　项
1	个人防护：维修人员须戴防护手套
2	实训台防护：须铺上格栅和翼子板
故障检测	
步　骤	事　项
1	故障现象： 底盘线控系统测试装调实验实训台制动无助力，显示屏显示车身三级报警
2	故障分析： 根据底盘线控系统测试装调实验实训台的调试软件中报文信息显示，发现线控制动系统控制器(EHB-ECU)输出报文的 CAN1 中 ID0x289 消失，可以判断为 EHB-ECU 通信故障。 造成故障的可能原因有： ① 线控制动系统控制器(EHB-ECU)电源故障； ② 线控制动系统控制器(EHB-ECU)CAN 通信故障； ③ 线控制动系统控制器(EHB-ECU)软件错误； ④ 线控制动系统控制器(EHB-ECU)硬件故障
3	故障检测： 取下钥匙，拔下 EHB-ECU 插头，插上钥匙并置于 ON 挡
4	使用万用表蜂鸣挡，测量 EHB-ECU 插头 T24/17/19 号针脚和搭铁之间导通性，正常为导通状态
5	使用万用表电压挡，黑表笔接 EHB-ECU 插头搭铁 T24/17 号针脚，红表笔接 EHB-ECU 插头 ON 供电 T24/6 号针脚。正常测量值应为 12 V 左右
6	拔下 F19 熔丝，使用万用表电压挡，黑表笔接搭铁，红表笔接 F19 电压输入插座。正常测量值应为 12 V 左右
7	使用万用表蜂鸣挡，测量 F19 熔丝是否导通，正常为导通状态。若不导通，说明熔丝存在问题，需要更换熔丝
8	使用万用表蜂鸣挡，测量 F19 熔丝电压输出插座和 EHB-ECU 插头 ON 供电 T24/6 号针脚之间线路，正常为导通状态
9	经万用表测得，F19 熔丝电压输出插座和 EHB-ECU 插头 ON 供电 T24/6 号针脚之间线路无穷大，存在短路故障，为线控制动系统控制器(EHB-ECU)电源故障
10	故障修复： 维修或更换相同型号的线路，实训台恢复正常状态，故障排除，撤除防护

活动 2　线控制动 CAN 通信故障检修

引导问题 8：按照表 4.4-7 所示的步骤进行线控制动 CAN 通信故障检修。

表 4.4-7　线控制动 CAN 通信故障检修

故障检测前防护	
步　骤	事　项
1	个人防护：维修人员须戴防护手套
2	实训台防护：须铺上格栅和翼子板
故障检测	
步　骤	事　项
1	故障现象： 底盘线控系统测试装调实验实训台制动无助力，显示屏显示车身三级报警
2	故障分析： 根据底盘线控系统测试装调实验实训台的调试软件中报文信息显示，发现线控制动系统控制器(EHB-ECU)输出报文的 CAN1 中 ID0x289 消失，可以判断为 EHB-ECU 通信故障。 造成故障的可能原因有： ① 线控制动系统控制器(EHB-ECU)电源故障； ② 线控制动系统控制器(EHB-ECU)CAN 通信故障； ③ 线控制动系统控制器(EHB-ECU)软件错误； ④ 线控制动系统控制器(EHB-ECU)硬件故障
3	故障检测： 取下钥匙，拔下 EHB-ECU 插头，插上钥匙并置于 ON 挡
4	使用万用表电压挡，黑表笔接 EHB-ECU 插头搭铁 T24/17 号针脚，红表笔接 EHB-ECU 插头 ON 供电 T24/6 号针脚，正常测量值应为 12 V 左右
5	若以上测量结果不正常，需要接着测量供电线路和熔丝 F19
6	使用万用表电压挡，红表笔接 EHB-ECU 插头 CAN-HT24/4 号针脚，黑表笔接搭铁。正常测量值应为 2.55 V 左右
7	使用万用表电压挡，红表笔接 EHB-ECU 插头 CAN-LT24/3 号针脚，黑表笔接搭铁。正常测量值应为 2.48 V 左右
8	若测量 EHB-ECU 的 CAN 总线、供电和搭铁都无异常，则须检查是否有 EHB-ECU 对应升级。若无，则需要更换 EHB-ECU
9	经万用表测得，EHB-ECU 插头 CAN-L T24/3 号线路存在短路故障，为线控制动系统控制器(EHB-ECU)CAN 通信故障
10	故障修复： 维修或更换相同型号的线路，实训台恢复正常状态，故障排除，撤除防护

活动 3　制动压力传感器检修

引寻问题 9：按照表 4.4-8 所示的步骤进行制动压力传感器检修。

表 4.4-8 制动压力传感器检修

故障检测前防护	
步骤	事项
1	个人防护:维修人员须戴防护手套
2	实训台防护:须铺上格栅和翼子板
故障检测	
步骤	事项
1	将传感器所在的连接器拔出,检查连接器内部和外部是否存在损坏、腐蚀或氧化等现象
2	找到传感器的安装位置,并且先将车辆上升,拆卸安装传感器的位置
3	使用万用表的电阻挡位,将两个电极针对传感器密封面上的接触端,观察万用表的数值
4	用万用表选取电压挡位(最大可选量程为 20 V)
5	将万用表的两个测试电极分别接在传感器的电源正极和电源负极上
6	当车辆进行制动时,观察万用表上的电压是否变化,如果无变化,则表示传感器输出信号异常
7	故障修复: 维修或更换相同型号的制动压力传感器,实训台恢复正常状态,故障排除,撤除防护

活动 4　制动踏板位置传感器检修

引导问题 10:按照表 4.4-9 所示的步骤进行制动踏板位置传感器检修。

表 4.4-9 制动踏板位置传感器检修

故障检测前防护	
步骤	事项
1	个人防护:维修人员须戴防护手套
2	实训台防护:须铺上格栅和翼子板
故障检测	
步骤	事项
1	断开电池的电源,以防止电气故障或触电危险
2	移除车辆内饰或面板来访问传感器
3	检查传感器的连接,确保连接牢固,没有松动或腐蚀
4	使用电子部件清洁剂或酒精轻轻清洁传感器的接触点,以去除灰尘、污垢或油渍
5	检查与传感器连接的导线和插头,确保没有破损或受损的线路
6	使用万用表或示波器测试传感器的电阻和输出信号。比较测试结果与制造商的规格表以确定是否正常工作
7	故障修复: 维修或更换相同型号的制动踏板位置传感器,实训台恢复正常状态,故障排除,撤除防护
8	完成检修和更换工作后,重新连接电池电源
9	启动车辆,并测试制动踏板位置传感器的操作。确保制动系统正常工作,并检查是否有故障指示灯亮起
10	实训台恢复正常状态,故障排除,撤除防护

学习环节 5　车辆制动拖滞故障维修过程控制

学习目标：

1. 能按照任务要求，对线控制动系统进行组装、拆卸、装配；
2. 能分析任务实施过程存在问题的原因，并提出解决办法；
3. 能通过维修车辆故障点，恢复车辆制动功能。

学习要求：

根据以下任务检查清单，小组合作进行必要的最终任务检查和 8S 清查，并根据任务实施过程和结果的实际情况，优化改进工作计划。

建议课时：4 课时

过程控制

活动 1　任务清查

引导问题 1：请根据表 4.5-1 进行必要的任务完成情况的最终检查。

表 4.5-1　任务检查清单

序　号	检查事项	检查结果
1	正确实施线控制动系统拆装	□符合　□不符合
2	正确实施线控制动系统调试	□符合　□不符合
3	独立完成线控制动电源故障检修	□符合　□不符合
4	独立完成线控制动 CAN 通信故障检修	□符合　□不符合
5	独立完成制动压力传感器检修	□符合　□不符合
6	独立完成制动踏板位置传感器检修	□符合　□不符合

活动 2　8S 清查

引导问题 2：请根据表 4.5-2 进行必要的 8S 检查。

表 4.5-2　8S 检查清单

项　目	检查事项	检查结果
整理 (Seiri)	工作区域内是否有无用、过期或损坏的设备和工具？ 是否有未标识或标识不清的物品？ 是否有无关的文件、纸张或杂物？	□是　□否

续表

项　目	检查事项	检查结果
整顿 (Seiton)	工具、设备和材料是否有固定的存放位置? 存放位置是否合理、标识明确? 工作区域是否整洁有序? 是否有足够的储物空间和工作表面?	□是　□否
清扫 (Seiso)	工作区域的地面、墙壁、设备和工具是否保持清洁? 是否有定期的清洁计划和责任人? 是否妥善处理垃圾和废弃物?	□是　□否
清洁 (Seiketsu)	工作区域内是否保持适宜的温度、湿度和通风? 是否有充足的照明设备? 是否定期检查和维护设备?	□是　□否
素养 (Shitsuke)	是否遵守操作的规范和标准? 是否确保工作的一致性和质量?	□是　□否
安全 (Safety)	是否检查安全设备的可用性? 是否正确使用个人防护设备?	□是　□否
节约 (Savings)	是否能识别并减少浪费? 是否提高维修工作的效率,减少不必要的等待时间?	□是　□否
学习 (Study)	是否分享经验和知识?	□是　□否

学习环节 6　任务评价与反馈

学习目标：

1. 能按分组情况，派代表展示工作成果，说明本次任务的完成情况，并做分析总结；
2. 能结合任务完成情况，正确规范地撰写工作总结（心得体会）；
3. 能对学习与工作进行反思总结，并能与他人开展良好合作，进行有效沟通。

学习要求：

对工作过程的设计和工作结果进行全面、客观的评价。

建议课时：2 课时

评价反馈

1. 各组派代表上台展示成果，并介绍任务的完成过程。
2. 其他组同学给你们提供了哪些意见或建议？请记录在下面。

____

____

____

3. 本次课的心得体会：____

____

____

____

4. 请按照表 4.6-1，小组合作完成本任务的考核评价。

表 4.6-1　任务考核评价表

评价事项	分　值	评　分
线控制动系统拆装	10	
线控制动系统调试	10	
线控制动电源故障检修	20	
线控制动 CAN 通信故障检修	20	
制动压力传感器检修	20	
制动踏板位置传感器检修	20	

实训报告

请按照下方的实训报告格式规范，结合自己本次的任务实践过程，完成实训报告的撰写。

一、实训名称：

二、实训基本情况

1. 实训时间：
2. 实训地点：
3. 实训目的：
4. 实训形式：

三、实训过程及内容

四、实训总结与体会

学习任务终结性评价

评价方式采用多元化评价，评价主体由学生、小组与教师构成，评价标准、分值及权重如下所示：

(1)学生进行自我评价，并将结果填入学生自评表中。

学生自评表

班级：__________　　组名：__________　　日期：______年____月____日

评价项目	评价标准	分值	得分
信息检索	能有效利用网络资源、配套资料查找有效信息	10	
知识掌握	能准确理解学习任务中讲述的知识内容	15	
技能训练	能按照技术规范，正确使用工具及设备进行任务实施	15	
感知工作	认同工作价值，在工作中是否能获得成就感	10	
团队素养	教师、同学之间相互尊重、理解，能平等交流	10	
职业素养	能严格遵守相关工作守则和法律法规	10	
思维状态	能发现问题、分析问题并解决问题	10	
参与状态	能发表个人见解，倾听他人意见和看法	10	
创新意识	能在工作过程中做出创新点	10	
合计		100	

(2)学生以小组为单位，对学习任务的实施过程与结果进行互评，并将结果填入小组互评表中。

小组互评表

班级：__________　　被评组名：__________　　日期：______年____月____日

评价项目	评价标准	分值	得分
团队素养	该组小组成员间合作紧密，能互帮互助	15	
	该组的工作计划周密，组织有序	15	
	该组态度端正，有较强的吃苦耐劳精神	10	
工作情况	该组的工作效率突出	20	
	该组的工作成果完整且质量达标	30	
	该组严格遵守相关工作守则和法律法规	10	
合计		100	

(3)教师对学生工作过程与工作结果进行评价，并将结果填入教师评价表中。

教师评价表

班级：____________　　组名：____________　　姓名：____________

评价项目	评价标准			分值	得分
考勤	无无故迟到、早退、旷课现象			10	
工作过程	能正确回答引导问题并填写答案			20	
	能制定详细的工作计划			10	
	能遵守技术规范，实施过程顺畅、无意外			20	
项目成果	能按时完成任务			10	
	学习态度认真、细致、严谨			10	
	任务成果完整且质量达标			20	
合计				100	
综合评价	自我评价(20%)	小组互评(30%)	教师评价(50%)	综合得分	